Luisteren naar de taal van de Bijbel

LUISTEREN NAAR DE TAAL VAN DE BIJBEL

Laat je leiden door de woorden zoals Jezus die leerde

Lois Tverberg en Bruce Okkema

Uitgeverij Toetssteen

www.toetssteen-boeken.nl

Bijbelvertalingen

Zoveel mogelijk zijn voor de citaten uit de Bijbel de teksten van de Herziene Statenvertaling gebruikt. Omdat in dit boek uitleg gegeven wordt over de vaak meervoudige betekenis van Hebreeuwse woorden, is hier en daar ook gebruik gemaakt van andere vertalingen. Bij de tekstvermelding is dat dan met een afkorting weergegeven:

NBV: Nieuwe Bijbel Vertaling uit 2004 van het NBG met de KBS
NBG: vertaling uit 1951 van het NBG
SV: Staten Vertaling
GNB: Groot Nieuws Bijbel
WV: Willibrord Vertaling van de KBS
NB: Naardense Bijbel

Bij de vragen achter elk hoofdstuk wordt soms gevraagd om een Bijbeltekst in meerdere vertalingen te bekijken. Alle gebruikte Bijbelvertalingen zijn op internet te bekijken. De meeste zijn te vinden op www.debijbel.nl. De Staten Vertaling in de editie van de Gereformeerde Bijbelstichting is inclusief kanttekeningen van de vertalers te vinden op www.statenvertaling.nl. De vertaling van Pieter Oussoren is te vinden op www.naardensebijbel.nl.
Vanwege de keus voor de HSV als basis hebben we namen uit de Bijbel gespeld in overeenstemming met deze vertaling. Dus bijvoorbeeld Mattheüs en Marcus en niet de door de NBV en WV gebruikte schrijfwijze Matteüs en Marcus.

Spelling van de Hebreeuwse woorden

Het Hebreeuws gebruikt totaal andere letters dan het Nederlands en andere westerse talen. Hebreeuwse woorden kunnen daardoor alleen maar fonetisch worden weergegeven. Dat gebeurt op verschillende manieren. We hebben gekozen om zoveel mogelijk de voorkeurspelling van de stichting Sofeer en van de Taalunie aan te houden. Dat betekent bijvoorbeeld dat we sjalom schrijven terwijl in Engelse teksten shalom wordt geschreven en in Duitse Schalom.

Luisteren naar de taal van de Bijbel
Laat je leiden door de woorden zoals Jezus die leerde
Eerste druk 2016

ISBN 9789082384017
© 2015 Uitgeverij Toetssteen
Oosterslag 4, 8385 GW Vledderveen, Nederland
www.toetssteen-boeken.nl

Oorspronkelijke titel
Listening to the Language of the Bible, Lois Tverberg with Bruce Okkema
Uitgegeven door En-Gedi Resource Center, Holland (Michigan, VS)
Vertaling: Harriët Tamminga-Hebels, Ariena Noordman en Marije Davidsdochter

Vormgeving: Gewoon Geertje
Omslag: Willeke Brandsma
Coverfoto: Istockphoto/Pete Will

Inhoud

I	**Hebreeuwse zienswijzen die ons denken verdiepen**	**15**
	1. Sjema: luister en gehoorzaam	17
	2. Da'at Elohiem: kennis van God	19
	3. Jir'a: angst, ontzag en eerbied	21
	4. Tora: wet en onderricht	23
	5. Sjofeet: een rechter als verlosser?	25
	6. Sjalom: hoe is het met je vrede?	27
	7. Zachar: zich zonden herinneren	29
	8. Jesjoea: verlossing in dit leven	31
II	**Levenslessen**	**33**
	9. Avad: werken en aanbidden	35
	10. Emoena: geloof en trouw	37
	11. Lasjon Hara: de kwade tong	39
	12. Pesel: afgoden in het land	41
	13. Chochma: door Hem gegeven wijsheid	43
	14. Ajin-Tova: een goed oog hebben	45
	15. Nefesj: God met heel je leven liefhebben	47
III	**De rijke verbeeldingskracht van de Bijbel ontdekken**	**49**
	16. Majiem Chajiem: stromen van levend water	51
	17. Tsietsiet: zichtbare kwastjes	53
	18. Chameets: zuurdesem als beeldspraak	55
	19. Tal: de verfrissing van de dauw	57
	20. Joveel: een jubeljaar	59
	21. Dam: bloed, een krachtige metafoor	61
	22. Pri: aan de vrucht herkent men de boom	63
	23. Kesjet: de boog neerleggen	65

IV	**Kleurrijke woorden**	**67**
	24. Tzelem Elohim: naar Gods beeld	69
	25. Ba'asj: zorg dat je niet stinkt	71
	26. Me'odecha: met al je krachten	73
	27. Levav: hart en verstand	75
	28. Beresjiet: begin	77
	29. Makor: op zoek naar de bron	79
	30. Kanafiem: beschermende vleugels	81
V	**Het belang van familiebanden**	**83**
	31. Toledot: waarom al die geslachtsregisters?	85
	32. Bechor: de eerstgeborene van de Vader	87
	33. Ben: een zoon zoals zijn vader	89
	34. Ach: mijn broeders hoeder	91
	35. Iesja: teveel vrouwen	93
	36. Bajit: in het huis van de Heer	95
VI	**Inzichten die ons gebedsleven verrijken**	**97**
	37. Beerach: de HEER zegenen	99
	38. Kavana: de richting van je hart	101
	39. Choetspa: bidden met vasthoudendheid	103
	40. Avinoe: onze Vader	105
	41. Kidoesj HaSjeem: het heiligen van de Naam	107
	42. Malchoet: Uw Koninkrijk kome	109
	43. Lechem Choekeenoe: ons dagelijks brood	111
	44. Ra: red ons van het kwaad	113
	45. Amen - instemming	115
VII	**Hoe dacht men over de Messias?**	**117**
	46. Masjiach: wat betekent Christus	119
	47. Besora: wat is het goede nieuws?	121
	48. Melech: een koning naar Gods hart	123
	49. Navi: een Profeet als Mozes	125
	50. Ani: de lijdende Koning	127
	51. Go'el: onze losser	129
	52. Immanuel: God met ons	131

VIII	**De krachtige woorden van Jezus**	**133**
	53. Ro'ee: de grote Herder	135
	54. Ben Adam: de Mensenzoon	137
	55. Talmied: maak veel leerlingen	139
	56. Ve'ahavta: God en je naaste liefhebben	141
	57. Rachoem: met de maat waarmee u meet	143
	58. Kal v'Chomer: licht en zwaar	145
	59. Jod: een jota of een tittel	147
	60. Pekoeda: de tijd van uw bezoeking	149
	61. HaPorets: het Koninkrijk breekt door	151

Mogelijke antwoorden	153
Literatuurlijst	179
Uitgaven van Toetssteen Boeken	181
Over de auteurs	183
Dankwoord van de auteurs	185
Illustraties	187

Inleiding

Luisteren als Jezus

Iedereen die de Bijbel bestudeert, zal meteen merken dat er vaak woorden en uitdrukkingen gebruikt worden die moeilijk te begrijpen zijn. We moeten in gedachten houden dat de Bijbel uit talen en culturen komt die sterk van de onze verschillen. De meesten van ons gebruiken vertalingen waarin de tekst rechtstreeks is overgezet naar modern Nederlands, waardoor we het uitheemse accent nauwelijks meer opmerken. Het brengt ons misschien in verwarring als de tekst niet echt betekenis voor ons heeft, of we denken wellicht dat we het begrijpen, terwijl de diepere bedoeling ons ontgaat.

Als we dieper graven in de denkwereld van de schrijvers van de Bijbel, ontdekken we vaak dat hun vreemd klinkende taal juist rijke inzichten bevat, die niet altijd duidelijk zijn in de Nederlandse vertaling. Deze inzichten zijn vaak de sleutel tot het begrijpen van de tekst en het toepassen ervan in ons leven. We ontdekken ook rijke poëzie, humoristische ironie en tijdloze wijsheid als we de gedachten van de schrijvers beter verstaan. Dit is vooral van toepassing als we de Bijbel lezen die Jezus gebruikte, ons Oude Testament, dat een afspiegeling is van een oude cultuur die heel anders is dan de onze. Behalve dat het een duidelijker beeld geeft van de Bijbel, is het een enorm verrijkende ervaring om de woorden te horen zoals ze oorspronkelijk bedoeld waren. We krijgen prachtige nieuwe inzichten in Gods Woord.

Het Oude Testament werd geschreven in het Hebreeuws. Hoewel het Nieuwe Testament werd opgetekend in het Grieks, toch waren de schrijvers bijna allen Joden die waren opgegroeid in een Hebreeuws/Aramees sprekende, Semitisch denkende cultuur. Er is veel onderzoek gedaan naar de nuances van het Nieuwtestamentische Grieks, om het geschrevene juist te begrijpen. De woorden van Paulus en Jezus worden verrijkt als we ze beluisteren in het licht van hun oorspronkelijke Hebreeuwse context. Het is interessant dat het Grieks van de evangeliën van Mattheus, Markus en Lukas vloeiend loopt, totdat er gelijkenissen en uitspraken van Jezus geciteerd worden. Op die plekken wordt het Grieks onhandig en komen de onderliggende Hebreeuwse taalpatronen en woorden naar voren die verwijzen naar de Semitische cultuur waarin Jezus leefde. Hierdoor kunnen we zien dat het belangrijk is om ons bewust te zijn van de eigenheid van de Hebreeuwse taal om het Oude én het Nieuwe Testament te begrijpen.

De Hebreeuwse taal heeft op verschillende manieren een rijkdom aan expressie in zich:

- Het Hebreeuws heeft een kleine woordenschat en elk woord heeft bijna altijd een diepere betekenis dan het corresponderende woord in het Nederlands. Een Hebreeuws woord beschrijft vaak veel aan elkaar verwante dingen. Het Hebreeuwse woord voor huis, *bajit (bet* in samengestelde woorden zoals Bethlehem*)*, bijvoorbeeld, kan worden gebruikt voor een huis, een tempel, een familie of een geslachtslijn. Het zal ons begrip verrijken als we beseffen dat de Nederlandse vertaler één van de mogelijke betekenissen van een Hebreeuws woord heeft moeten kiezen; de andere betekenissen van het Hebreeuwse woord kunnen nuances toevoegen aan de betekenis van de tekst.

- Het Hebreeuws kent geen abstracte woorden, daarom worden interessante fysieke beelden gebruikt om abstracte ideeën uit te drukken. Omdat er geen abstract woord voor koppigheid is, worden zulke mensen omschreven als mensen 'met een stijve nek' en bij gebrek aan een woord voor gierig worden gierigaards omschreven als mensen 'met samengebalde vuisten'. Het is voor ons niet moeilijk om de poëzie in deze uitdrukkingen te horen.

- Het Hebreeuws gebruikt vaak hetzelfde woord om zowel een mentale activiteit als het daadwerkelijk bedoelde resultaat aan te duiden. Het woord luisteren, bijvoorbeeld, kan simpelweg *luisteren* betekenen, maar ook *gehoorzamen* - het resultaat van luisteren. Dit helpt ons om de vollere betekenis van de tekst te ontdekken.

Naast de taalkundige verschillen zorgen ook culturele verschillen ervoor dat de verhalen in de Bijbel soms moeilijk te begrijpen zijn. We kunnen rijk gezegend worden door de oude Joodse culturele context van de Bijbel te bestuderen – iets wat veel christenen in het verleden wellicht hebben verwaarloosd. Omdat de Joden hun hele geschiedenis door Hebreeuws hebben gesproken en hun Heilige Schrift met veel toewijding hebben bestudeerd, kunnen ze rijke inzichten verschaffen in de belangrijkste denkbeelden van de Bijbel, zelfs die van het Nieuwe Testament. Vooral het bestuderen van de vroege Joodse geschiedenis is nuttig voor het begrijpen van de wereld van Jezus. De Joden hebben door de eeuwen heen het onderwijs van hun rabbi's bewaard, waaronder dat uit de tijd van Jezus, en hun onderwijs werpt licht op de discussies die in Zijn tijd en omgeving plaatsvonden. De woorden van Jezus krijgen nieuwe diepgang als we ze in hun oorspronkelijke kader horen.

In dit boek delen we, in korte hoofdstukken, een aantal van deze sleutelwoorden en denkbeelden met u en bespreken we een aantal van de rijke Hebreeuwse woorden die ons nieuwe manieren leren om naar God en naar het leven te kijken. Het boek is echter niet bedoeld als een woordenboek – de woorden dienen hier vooral om de aandacht te vestigen op belangrijke Hebreeuwse begrippen die onze interpretatie van de tekst verdiepen. Het Hebreeuws gebruikt heel andere letters dan onze taal. Met ons alfabet kunnen we op basis van de klank de woorden weergeven (fonetische spelling). In dit boek hebben we dat gedaan volgens de voorkeursspelling van Sofeer. Deze spelling van de Hebreeuwse woorden is meestal voldoende om ze goed uit te spreken; hierbij helpt het om te weten dat bij de meeste Hebreeuwse woorden de klemtoon op de laatste lettergreep valt. Waar zich een probleem zou kunnen voordoen, wordt de uitspraak fonetisch weergegeven.

In de volgende hoofdstukken vindt we een aantal wijze levenslessen en ervaart u de levendige beeldspraak van de Bijbel. We bekijken de familiebanden, die zo van invloed zijn voor de mensen in de Bijbel en bestuderen hoe er in de tijd van Jezus over gebed werd gedacht. Tenslotte onderzoeken we het taalgebruik dat betrekking heeft op de komst van de Messias en wat Jezus zelf hierover zegt. We zullen er met nieuwe oren naar luisteren om Zijn krachtige boodschap te horen.

Kom met ons mee als we de Bijbel openen en sleutels ontdekken die verborgen schatten voor ons leven zullen ontsluiten.

I

Hebreeuwse zienswijzen
die ons denken verdiepen

Wij zien onze wereld door de 'bril' van onze taal en in elke taal
is de kijk de wereld op weer anders.
Als we naar de wereld kijken door de oorspronkelijke taal van de Schriften,
ontdekken we dat daarin met heel eenvoudige woorden gedachten
over God en onze relatie met Hem uitgedrukt worden, die ons leven
kunnen verrijken.

Abraham (pentekening Lilien)

1. Sjema

Luister en Gehoorzaam

*En Jezus antwoordde hem: Het eerste van alle geboden is: Hoor, Israël!
De Heere, onze God, de Heere is één. En u zult de Heere, uw God, liefhebben
met heel uw hart en met heel uw ziel en met heel uw verstand en met heel uw
kracht. Dit is het eerste gebod.* (Markus 12:29-30)

In onze moderne westerse cultuur hebben we de neiging om ons op het verstandelijke te richten. Wij zeggen: het dénken is belangrijk. Bijbelse culturen daarentegen waren heel gericht op het dóen en dit wordt weerspiegeld in de taal. Veel woorden die wij als een activiteit met ons brein opvatten (horen, weten, herinneren, enz.) hebben in het Hebreeuws een bredere betekenis omdat ze ook de fysieke gevolgen ervan omvatten. Inzicht hierin helpt vaak heel goed bij de studie van de Bijbel.

Een uitstekend voorbeeld is het woord *sjema* (uit te spreken als sjmah), dat als primaire betekenis horen of luisteren heeft. In onze cultuur wordt luisteren beschouwd als een mentale activiteit, en horen betekent alleen dat onze oren geluiden opvangen. Maar in de Bijbel wordt het woord sjema vaak gebruikt om zowel het horen alsook het gevolg dat hieraan gegeven wordt uit te drukken: begrijpen, aandacht geven, gehoorzaam zijn, doen wat wordt gevraagd. Als kinderen na een opdracht van hun moeder om hun kamer op te ruimen net doen alsof ze niets hadden gehoord, dan roept elke moeder: 'Heb je me wel gehóórd?' Iedereen begrijpt dat op horen actie moet volgen.

Bijna elke plaats waar we het woord gehoorzamen in de Bijbel tegenkomen, is het in feite de vertaling van het woord sjema. Horen is gehoorzamen.
Probeer gehoorzamen te lezen als je het woord horen of luisteren leest in de Bijbel en ontdek hoe vaak de betekenis dan wordt verrijkt.

Sjema is ook de naam van het gebed dat Jezus bad en dat gelovige Joden elke ochtend en avond tot op de dag van vandaag bidden. Het is het eerste woord van de eerste regel:

Luister (Sjema), Israël! De HEERE is onze God, de HEERE is één. Gij zult de HEERE, uw God, liefhebben met geheel uw hart en met geheel uw ziel en met geheel uw kracht.
(Deuteronomium 6:4-5)

Door dit te bidden, zeggen Joden tegen zichzelf: Neem dit ter harte! Luister en gehoorzaam! Heb God lief met je hele leven. Het is een dagelijks opnieuw toewijden aan het volgen van God en het doen van Zijn wil. Jezus citeerde dit vers als het grootste gebod (Markus 12:29-30) en Hij begon met het woord dat zegt dat we zouden moeten gehoorzamen: sjema.

Nu we de diepere betekenis van sjema kennen, helpt dat ons te begrijpen waarom Jezus zegt: "Hij die oren heeft om te horen, hore". Hij roept ons op om Zijn woorden in daden om te zetten en niet alleen maar te luisteren. Hij wil ons daders van het woord maken en niet alleen hoorders (Jakobus 1:22). Het westerse (Griekse) denken benadrukt de ontwikkeling van het intellect en heeft de neiging om het *dóen* van het Woord te kleineren; sommigen zien dit zelfs als 'dode werken'. Maar het Hebreeuwse denken benadrukt dat we het gehoorde pas echt in ons hart hebben opgenomen als het ook ons leven verandert.

Vragen bij hoofdstuk 1

1. Lees Psalm 4:2 en ook 2 Kronieken 6:19-27, waar wordt benadrukt dat God onze geloften en gebeden hoort. Hoe verrijkt de Hebreeuwse betekenis van horen nu je begrip van deze woorden?
2. a. Lees 1 Samuël 1:20, waar Hanna aan haar zoon de naam Samuël geeft, *Sjmoe-el*, wat gehoord door God of God luisterde betekent. Wat zegt deze naam je?
   b. Lees in 1 Samuël 3:1-14 het verhaal over hoe God tot Samuël spreekt. Welke betekenis heeft luisteren in dit verhaal? Waarom werd er aan Samuël een belangrijke boodschap gegeven die voor Eli bestemd was?
3. Lees Ezechiël 12:2 over mensen die ogen en oren hebben maar toch blind en doof lijken te zijn. Wat wordt hier eigenlijk bedoeld?
4. In hoeverre ben je zelf een goede 'luisteraar' door ook werkelijk te doen wat God je zegt? Lees de woorden van Jezus in Mattheüs 5:11-48. Wat spreekt je het meeste aan? Kies een van de uitspraken die je werkelijk gaat doen doordat je die 'hoort.'

2. Da'at Elohiem

Kennis van God

*Want Ik vind vreugde in goedertierenheid en niet in offer,
in kennis van God meer dan in brandoffers.* (Hosea 6:6)

Als Nederlanders het werkwoord weten of kennen gebruiken, denken wij aan feitenkennis. In het Hebreeuws heeft het woord voor weten of kennen, *jada*, echter een grotere reikwijdte, die ons begrip van de Bijbel zal verrijken. Het Hebreeuwse begrip jada omvat niet alleen de feitenkennis, maar benadrukt vooral het kennen door ervaring, door relatie en vervolgens het handelen vanuit die kennis. Als het wordt gebruikt in de betekenis van mensen kennen, kan het betekenen voor iemand zorgen en zelfs seksueel intiem zijn. De zeer letterlijke Statenvertaling bijvoorbeeld, geeft de volgende vertaling:

En Adam bekende (jada) *Heva, zijn vrouw, en zij werd zwanger, en baarde Kaïn, en zeide: Ik heb een man van den HEERE verkregen!* (Genesis 4:1 SV)

Dit begrip is vooral belangrijk als we leren over het Bijbelse concept dat de 'kennis van God' (*da'at elohiem*) heet. Wij Westerlingen zouden kunnen denken dat de betekenis hiervan is: het bestaan van God bewijzen en een theologisch model vaststellen om de aard van God te verklaren. De Hebreeuwse visie is echter dat kennis van God een leven in relatie met Hem inhoudt. We zien deze manier van denken als we christelijke vertalingen van de Bijbel vergelijken met een joodse vertaling. In de HSV staat:

Op Hem zal de Geest van de HEERE rusten: de Geest van wijsheid en inzicht, de Geest van raad en sterkte, de Geest van de kennis en de vreze des HEEREN. (Jesaja 11:2)

De vertaling van de Tenach van de Jewish Publication Society (JPS) geeft het echter zo weer:

The spirit of the LORD shall alight upon him: a spirit of wisdom and insight, a spirit of counsel and valor, *a spirit of devotion and reverence for the Lord.* (De geest van de HEER zal op hem neerdalen: een geest van wijsheid en inzicht, een geest van raad en moed, *een geest van toewijding en ontzag voor de Heer.*)

In het Hebreeuws is kennis niet alleen weten wie iemand is, maar je ook aan die persoon toewijden. Joodse mensen zien kennis van God als intimiteit met God, Hem kennen zoals een zoon zijn vader kent en een vrouw haar man. We zouden dat in ons achterhoofd moeten houden als we ons geloof delen. Zijn we aan het proberen om het verstand van mensen te vullen met feiten of moedigen we mensen aan de Heer persoonlijk te leren kennen? Hoe goed kennen we Hem zelf?

In de bediening van En-Gedi hebben we ermee geworsteld hoe we de boodschap zo over kunnen brengen dat onze bediening weliswaar educatief is, maar gefundeerd is op toewijding; dat we mensen dichter bij de Heer willen brengen door de Bijbel in zijn context te laten begrijpen. We hadden het gevoel dat dit vers ons werd gegeven:

Want de aarde zal vol zijn van de kennis van de HEERE, zoals het water de bodem van de zee bedekt. (Jesaja 11:9, zie ook Habakuk 2:14)

Toen we het in een Joodse vertaling lazen, begrepen we eindelijk de diepere betekenis van dit vers. Er staat dat de aarde *'gevuld zal zijn met toewijding aan de HEERE zoals water de zeebodem bedekt.'*

Vragen bij hoofdstuk 2

1. Lees het verhaal van de boom van de kennis van goed en kwaad in Genesis 2:16-17 en 3:1-7. Hoe beïnvloedt het idee van kennis als persoonlijke ervaring de manier waarop je deze tekst leest?
2. Een heel letterlijke vertaling van Spreuken 12:10a is: 'De rechtvaardige kent het leven van zijn vee...' Zoek het vers op in verschillende vertalingen. Hoe wordt de Hebreeuwse betekenis van kennen toegepast in de vertalingen?
3. Lees Jeremia 9:23-24. Wat zijn volgens deze verzen de gevolgen als je God kent uit ervaring en met toewijding?
4. Hoe goed ken je God uit ervaring en door toewijding in je leven? Heel goed of niet zo goed?

3. Jir'a

Angst, ontzag en eerbied

*Het beginsel van wijsheid is de vreze des HEEREN
en de kennis van de heiligen is inzicht.* (Spreuken 9:10)

Door de bredere betekenis van Hebreeuwse woorden te leren kennen, krijgen Bijbelse begrippen een uitleg die wij in eerste instantie niet begrijpen. Het kan soms zelfs onze houding ten opzichte van God veranderen! Dit is wat er gebeurt als we de bredere betekenis van *vrees* (*jir'a*, uitgesproken als "jier-ah") gaan begrijpen en dan met name in het kader van de 'vreze des Heren', een veel voorkomend begrip in de Bijbel.

Deze uitdrukking heeft ertoe geleid dat sommige mensen denken dat God alleen maar wil dat wij bang voor Hem zijn. Paulus spreekt zelfs van de 'vreze van Christus' in Efeziërs 5:21. Dit komt omdat vreze een rijke inhoud heeft die heel positief kan zijn. We zien dit in de volgende verzen. In de eerste wordt gesproken over de Messias:

Op Hem zal de Geest van de HEERE rusten: …. de Geest van de kennis en de vreze des HEEREN. (Jesaja 11:2-3)

Nederigheid en de vreze des HEEREN brengen rijkdom en eer en leven.
(Spreuken 22:4)

De sleutel is dat het woord vreze, net als bij veel Hebreeuwse woorden, een bredere betekenis heeft. Het omvat ook heel positieve gevoelens zoals achting, respect, eerbied en ontzag vol aanbidding. Bijna elke keer als we het woord eerbied in het Oude Testament lezen, is het de vertaling van het Hebreeuwse woord jir'a. De vreze des Heren is eerbied voor God die het ons mogelijk maakt om te groeien in intieme kennis van Hem. Het verzekert ons van Zijn macht en controle over de wereld. Het geeft ons ontzag voor Zijn wet, die ons afhoudt van de zonden die onze relaties en levens vernietigen.

Jir'a beschrijft ook het gevoel van overweldigend ontzag dat we hebben als we Gods krachtige aanwezigheid voelen. Wanneer we onder de indruk zijn van onweer en daarin Gods overweldigende grootsheid zien, zijn we vervuld met aanbidding en verwondering. Dat is ook jir'a. En wanneer iemand een verhaal van Gods wonderbare ingrijpen in zijn of haar leven met ons deelt, zijn we onder de indruk van Gods macht en persoonlijke betrokkenheid. In die zin is de vreze van God een van de meest diepgaande spirituele ervaringen van ons leven.

De Here vrezen is de ultieme uitdrukking van het besef dat wij voor het aangezicht van een heilige God staan. Het betekent dat we er altijd aan worden herinnerd dat God over ons waakt en wij zeker mogen zijn van Zijn ontzagwekkende macht in deze wereld. Het betekent dat, hoewel we Zijn afkeuring van onze zonden moeten duchten, de nadruk ligt op een positieve, eerbiedige relatie met God, niet op doodsbang zijn voor Hem. Als de vreze des Heren tot gevolg heeft dat we in zuiverheid met en in gehoorzaamheid aan Hem leven, zal het ons uiteindelijk volkomen veranderen.

In de vreze des HEEREN is een sterk vertrouwen,
en voor Zijn kinderen zal Hij een toevlucht zijn.
De vreze des HEEREN is een bron van leven
om de strikken van de dood te ontwijken.
(Spreuken 14:26-27)

Vragen bij hoofdstuk 3

1. Lees Deuteronomium 10:12 over het liefhebben en vrezen van de Heer. Hoe is het mogelijk dat we, vanuit Hebreeuws oogpunt, dezelfde persoon zowel kunnen liefhebben als vrezen?
2. De NBG-vertaling van Efeze 5:21 heeft het over de vreze van Christus. Als Paulus een Hebreeuwse betekenis van vrezen gebruikte, wat betekent dan de vreze van Christus?
3. Filippenzen 2:12 heeft het over 'werk aan uw eigen zaligheid met vrees en beven.' Hoe zou je dit ook kunnen lezen, met de bredere betekenis van vrezen, om inzicht in deze tekst te krijgen? Zie hiervoor ook hoofdstuk 8
4. Wat heb je in je eigen leven meer: vrees voor God of eerbied voor Hem?

4. Tora

Wet en onderricht

*De richtlijnen van de Heer zijn volmaakt,
ze geven levenskracht.
Wat de Heer afkondigt, is betrouwbaar,
het maakt de onervarene wijs.
Wat de Heer beveelt, is juist;
het is een bron van vreugde.
Wat de Heer gebiedt, is zonneklaar,
de ogen gaan ervan stralen.* (Psalm 19:8-9 GNB)

Veel christenen zijn opgegroeid met een negatieve houding ten opzichte van het woord wet. Wij hebben het gevoel dat het verbonden is met onderdrukkende en discutabele regels. Maar het woord *tora*, dat wij vertalen als wet, heeft in het Hebreeuws een heel andere nadruk en gevoelswaarde.

Het Hebreeuwse woord tora is afgeleid van het grondwoord *jara*, wat aanwijzen, onderwijzen, instrueren, of richting geven betekent. Tora kan in het Nederlands het beste worden gedefinieerd als 'onderricht', dat wil zeggen: Gods onderricht aan de mens. Als God ons iets leert, dan zijn we in zekere zin verplicht om te gehoorzamen. Daarom valt het woord 'wet' binnen de definitie van het woord tora, maar is niet haar belangrijkste betekenis. Doordat in onze Bijbelvertalingen het woord tora meestal is vertaald als wet, worden onze gedachten beïnvloed. In de joodse Bijbel vertaalt men het woord tora daarentegen meestal als onderwijs. In de NBV staat bijvoorbeeld:

> ... [gelukkig de mens die] vreugde vindt in de wet van de HEER
> en zich verdiept in Zijn wet, dag en nacht. (Psalm 1:2)

In de joodse Tenach staat echter:

> *Veeleer, het onderwijs van de Heer is zijn vreugde; en hij bestudeert dat onderwijs dag en nacht* (rechtstreeks vertaald vanuit de Jewish Publication Society - JPS)

Wat is het een verschil als we de belangrijkste betekenis van Gods woord associëren met liefhebbende leiding, in plaats van met een bezwarende wet! Zeker, er zijn veel wetten in de Bijbel, maar zelfs die zijn gegeven om ons te vormen naar de mensen zoals God wil dat we zijn.

Een andere manier om te zien dat tora eigenlijk onderwijs betekent in plaats van wet, is dat de eerste vijf boeken van de Bijbel de *Tora* worden genoemd, terwijl ze veel meer bevatten dan alleen wetten of geboden. De Tora bevat het scheppingsverhaal en het verhaal van de zondeval, Gods uitverkiezing van de familie van Abraham, Zijn bevrijding van Israël uit de slavernij, de formering tot natie en Gods openbaring van Zichzelf als God van Israël. Alles in de Tora leert ons over Gods wegen, maar slechts een gedeelte ervan is echt wetgeving. De reden voor de naam Tora is dat het werd gezien als het onderwijs dat God via Mozes gegeven had. Het woord Tora wordt soms zelfs breder gebruikt als aanduiding voor alle boeken van de Hebreeuwse Bijbel (het OT). Deze nadruk helpt ons om God in een positiever licht te zien. Het woord tora herinnert ons eraan dat God, in plaats van hoofdzakelijk een wetgever te zijn of een rechter die klaarstaat om ons te straffen, een liefhebbende vader is die zijn kinderen leert hoe ze moeten leven. Jezus, die Zijn discipelen en de menigten onderwees, volgde simpelweg Zijn Vader na door ons te leren hoe we leven kunnen ontvangen en hoe we dat overvloediger kunnen leven.

Vragen bij hoofdstuk 4

1. Lees Psalm 1:1-3 en Psalm 119:1-20 en vervang het woord wet door onderricht. Hoe verandert dit de toon van deze psalmen? (Vergelijk eventueel een Joodse Tenach met een christelijke Bijbelvertaling).
2. Lees Spreuken 13:14 in de Herziene Statenvertaling (HSV). Op andere plaatsen wordt in de HSV het Hebreeuwse woord tora als wet vertaald. Hoe overlappen de begrippen onderricht en wet elkaar vanuit dit vers en de verzen van vraag 1? Hoe zou je in het Nederlands uitleggen wat met tora wordt bedoeld?
3. De beschrijving 'de Wet en de Profeten' was een begrip dat Jezus gebruikte om de Schriften aan te duiden - de Pentateuch (vijf boeken van Mozes), de boeken van de profeten en de overige boeken. Hoe beïnvloedt deze kennis het lezen van de volgende passages? Mattheüs 7:12 en Lukas 16:16-17
4. Lees Leviticus 19. Hoe denk je persoonlijk over de wetten van God als je die leest? Voel je een last of ben je blij met Gods onderricht? Welke invloed heeft dat op hoe je leeft?

5. Sjofeet

Een rechter als verlosser?

De HERE is immers onze Rechter, de HERE is onze Wetgever,
de HERE is onze Koning; Hij zal ons verlossen. (Jesaja 33:22)

Een ander Hebreeuws concept dat ons een beter beeld geeft van God, is het begrip rechter, *sjofeet* of *din* in het Hebreeuws. Wij zien een rechter als een angstaanjagende figuur aan wie we verantwoording afleggen over onze zonden. De betekenis van sjofeet is echter veel breder dan dat en omvat ook held en verdediger. Op ons kan het vreemd overkomen dat de woorden oordeel en verlossing als synoniem gebruikt kunnen worden, zoals in het volgende vers:

U liet een oordeel uit de hemel horen; de aarde vreesde en werd stil, toen U, o God, opstond ten oordeel, om alle zachtmoedigen van de aarde te verlossen. (Psalm 76:9-10)

Hoe kan een rechter dan een verlosser zijn? Het helpt om te weten dat het Hebreeuwse woord voor oordeel (*misjpat*) ook het woord is voor gerechtigheid. Stel je voor dat een vrouw mishandeld wordt door haar man en dat hij wordt gearresteerd en gevangen gezet. Zijn veroordeling betekent voor haar verlossing van haar mishandelaar. Als God degenen die onrecht wordt aangedaan, redt van degenen die hen onrecht aandoen, oordeelt en redt Hij tegelijkertijd – slecht nieuws voor de een, goed nieuws voor de ander.

Dit heeft mij ertoe gebracht mijn beeld van God te herzien. Vroeger zag ik God als liefdeloos wanneer Hij zonde veroordeelde en liefdevol wanneer Hij genadig was. Ik dacht dat elke vorm van boosheid over de zonde verkeerd was, wat zou betekenen dat Jezus slechts vergevingsgezind geglimlacht zou hebben als iemand een weduwe haar laatste cent afhandig had gemaakt. Dat is pervers! Omdat God houdt van de mensen die het slachtoffer zijn geworden van zonde, is Hij kwaad en zal Hij de schuldigen oordelen. Het is echter vanuit Zijn liefde voor de schuldigen dat Hij genadig is en ernaar verlangt om te vergeven. God toont Zijn grote liefde en goedheid net zo goed door Zijn oordeel als door Zijn genade.

Hoe past dit dan bij de uitspraak van Jezus: "Ik ben niet gekomen om de wereld te veroordelen, maar om de wereld zalig te maken?" (Johannes 12:47)
Hier zien we dat God een ontzagwekkend antwoord heeft gevonden op het probleem van de zonde door uit te stijgen boven volmaakte rechtvaardigheid. De sleutel is verzoening en bekering. Door de verzoening van Jezus maakte Hij het voor alle zondaars mogelijk om gered te worden door bekering, in plaats van schuldig verklaard te worden door Gods rechtvaardige oordeel. Hoewel Jezus zegt dat Hij Zelf als rechter zal optreden aan het einde der tijden (Mattheüs 25:32), is Hij tegelijkertijd gekomen om verzoening te doen voor de zonden van iedereen die zich bekeert en Hem volgt.

God zou liever zien dat een mishandelende echtgenoot een liefdevolle echtgenoot wordt, dan dat hij in de gevangenis blijft zitten. Hij zou liever zien dat een dief Christus vindt, dan dat hij alleen maar gestraft wordt, zelfs als de straf volstrekt eerlijk is. Op deze manier kan God zowel de schade die zonde aanricht stoppen, als verlossing brengen in het leven van de zondaar.

Vragen bij hoofdstuk 5

1. Waarom heeft het boek Richteren/Rechters die naam gekregen? Waarom werden mensen zoals Simson en Gideon, die veldslagen voor de Israëlieten wonnen, richters ofwel rechters genoemd? (Tip: studiebijbels verklaren dit vaak in de inleiding op het boek Richteren.)
2. De teksten hieronder zijn uit de vrij letterlijke Herziene Statenvertaling (HSV). Lees de teksten in de NBV of een andere vertaling waarin de Hebreeuwse tekst meer interpreterend dan letterlijk is vertaald. Waarom zijn rechter of oordeel in elke tekst zo vertaald in de NBV?
   HEERE, luister naar mijn rechtvaardige zaak,
   sla acht op mijn roepen, neem mijn gebed ter ore,
   met onbedrieglijke lippen gesproken.
   *Laat van Uw aangezicht mijn **recht** uitgaan,*
   laat Uw ogen zien wat billijk is. (Psalm 17:1-2)

   Hij zal uw gerechtigheid tevoorschijn doen komen als het morgenlicht,
   *uw **recht** doen stralen als de middagzon.* (Psalm 37:6)

   *Vader van de wezen en **Rechter** van de weduwen:*
   dát is God in Zijn heilige woning. (Psalm 68:6)

3. In Psalm 109:7a staat over een van de vijanden van David die kwaad voor goed had vergolden: 'Wordt hij **geoordeeld**, laat hij als schuldige uitgaan.' Wat denk jij? Mogen wij God vragen mensen te veroordelen voor wat ze hebben misdaan?

6. Sjalom

Hoe is het met je vrede?

Vrede laat Ik u, Mijn vrede geef Ik u; niet zoals de wereld die geeft, geef Ik die u. Laat uw hart niet in beroering raken en niet bevreesd worden. (Johannes 14:27)

Zoals veel Hebreeuwse woorden heeft het woord *sjalom*, dat we meestal vertalen als vrede, een bredere betekenis dan het Nederlandse woord. We hebben de neiging het op te vatten als de afwezigheid van oorlog of als geestelijke rust. Maar naast deze begrippen heeft het Hebreeuwse woord *sjalom* ook een bredere betekenis: welzijn, gezondheid, veiligheid, welvaart, heelheid en volledigheid.

In modern Hebreeuws is *Ma sjlomcha* een groet, vergelijkbaar met 'hoe gaat het met je?' Het betekent letterlijk: hoe is je *sjalom*?, hoe is je welzijn?
In de zegen van Aäron (Numeri 6:24-26) wordt gezegd: "De HERE verheffe Zijn aangezicht over u en geve u *sjalom*!" Dat is een veel bredere, diepere zegen dan wij denken. Het is een verzoek aan God om zowel in onze lichamelijke als in onze emotionele behoeften te voorzien.

Nu we deze bredere betekenissen kennen, helpt ons dat in onze studie van de Bijbel. Bijvoorbeeld, God zegt tegen Abraham: "Maar ú zult in *vrede* tot uw vaderen heengaan; u zult in goede ouderdom begraven worden" (Genesis 15:15).
Het betekent niet alleen maar dat Abraham geen strijd zal voeren, of zelfs dat hij een rustige geest zal hebben, maar dat zijn leven inderdaad in welzijn en ten volle geleefd zal eindigen.

Vrede, in de traditionele betekenis, is ook van groot belang in de Schriften. Onze individualistische cultuur kan ons doen geloven dat als onze relatie met God in orde is, onze relaties met anderen niet bijzonder belangrijk zijn. Maar God wil onze aanbidding pas als wij in vrede met anderen leven. Jezus zei: "... als u dan uw gave op het altaar offert en u zich daar herinnert dat uw broeder iets tegen u heeft, laat uw gave daar bij het altaar achter en ga heen, verzoen u eerst met uw broeder en kom dan terug en offer uw gave" (Mattheüs 5:23-24).

Met deze uitspraak kan Jezus een bepaald soort offer bedoeld hebben, het zogenaamde vrede- (*sjelem*) of verzoeningsoffer. De meeste offers werden volledig aan God gegeven, maar het vredeoffer werd gedeeltelijk door degene die offerde en zijn familie opgegeten. Het was alsof God hen had uitgenodigd voor een maaltijd aan Zijn tafel, in die cultuur symbolisch voor echte vriendschap. Het was een viering van de vrede tussen alle deelnemers, tussen God en alle gezinsleden. Zou Jezus hieraan hebben gedacht?

Interessant is dat het Avondmaal de vorm heeft van een vredeoffer. Jezus hield het brood en de wijn omhoog en zei dat die het offer van Zijn lichaam en bloed symboliseerden; vervolgens nodigde Hij Zijn discipelen (en ons) uit om ervan te eten. Door dit te doen, nemen we deel aan een maaltijd van vrede met God, het vieren van een nieuwe relatie met Hem door Jezus' verzoening. Door Christus biedt God ons allen sjalom, in al die vele betekenissen van dat woord.

Vragen bij hoofdstuk 6

1. In 2 Samuel 11:7 staat letterlijk: 'Toen Uria bij hem kwam, vroeg David naar de sjalom van Joab, naar de sjalom van het volk en naar de sjalom van de strijd.' Hoe geeft jouw Bijbelvertaling dit vers weer? Wat zegt dat over het woord sjalom?
2. Lees Jesaja 66:12-13 in de NBV en in enkele andere Bijbelvertalingen die je hebt. Hoe zou 'vrede als een rivier' nog meer vertaald kunnen worden?
3. Lees Johannes 14:27. Als we Jezus' woorden in de Hebreeuwse context plaatsen, wat is dan de bredere, diepere betekenis van de woorden: "Mijn vrede geef Ik u"?
4. Kun je zeggen dat er vrede is tussen jou en de mensen om je heen? Als je in jouw geloofsgemeenschap deelneemt aan het Avondmaal, kun je dan zeggen dat jullie de maaltijd van vrede vieren als een gemeenschap die in vrede met elkaar leeft?

7. Zachar

Zich zonden herinneren

Als Ik tegen de goddeloze zeg: U zult zeker sterven, en hij zich van zijn zonde bekeert, en recht en gerechtigheid doet, (…) [zullen] al zijn zonden, die hij begaan heeft, hem niet in herinnering gebracht worden: hij heeft recht en gerechtigheid gedaan, hij zal zeker in leven blijven. (Ezechiël 33:14,16)

We weten dat God oneindig is, maar de Bijbel zegt vaak dat God zich iets herinnerde of iets vergat. Dit zou betekenen dat Zijn mentale capaciteiten begrensd zijn. In het bijzonder lezen we dat als we ons bekeren, God Zich onze zonden niet zal herinneren. Alhoewel dat geruststellend is, is het moeilijk voor te stellen hoe het mogelijk is dat God daar geen herinnering meer aan heeft. Bovendien vragen we ons af of God ook van ons verwacht dat we, om anderen werkelijk helemaal te vergeven, hun zonden volledig moeten vergeten.

Het begrijpen van de bredere betekenis van het Hebreeuwse woord voor zich herinneren, *zachar*, kan ons waardevol inzicht geven. Het omvat zowel het herinneren, als de activiteiten die voortkomen uit het zich herinneren. Het kan betekenen dat een persoon iemand anders een gunst bewijst, iemand helpt, of een belofte nakomt. Dit helpt ons verzen zoals het volgende te begrijpen:

> *En God dacht aan Noach en aan al de wilde dieren en al het vee dat bij hem in de ark was; en God liet wind over de aarde gaan, zodat het water bedaarde.* (Genesis 8:1)

In deze passage herinnerde God Zich niet plotseling dat er buiten in de vloed een boot was; om zich vervolgens te realiseren dat Hij daar iets aan moest doen. God handelde trouw vanwege Zijn belofte aan Noach. Het werkwoord legt de nadruk op de handeling, niet op de mentale activiteit.

Op dezelfde manier betekent vergeten vaak negeren of naast zich neerleggen, zoals in Jeremia 23:29, waar God dreigt om Zijn mensen te 'vergeten'. Dus wanneer God zegt dat onze zonden niet tegen ons in herinnering worden gebracht, zoals aan het begin van dit hoofdstuk, bedoelt Hij dat Hij ons er niet voor zal straffen. God kiest er simpelweg voor om ze naast Zich neer te leggen. We weten allemaal wat het is om door iemand van wie we houden te worden verwond, maar er dan voor te kiezen om te vergeten, om het uit ons hoofd te zetten, ook al gaat de herinnering zelf niet weg.

Dit kan erg bevrijdend zijn in relatie tot Gods verwachtingen voor ons. We worstelen vaak met een persoon die ons herhaaldelijk pijn heeft gedaan en vragen ons af of vergeving betekent dat we net doen alsof die persoon dat niet weer zal doen. Het is erg bevrijdend om te beseffen dat we kunnen beslissen ons iemands zonden niet te herinneren met verlangens naar bestraffing of wraak. Het stelt ons in staat om te vergeven en ons tegelijkertijd te herinneren, om zo staande te blijven in een gebroken wereld en die te verbeteren.

Als God herinneringen eenvoudigweg uit Zijn geheugen kon wissen, zou Hij het veel gemakkelijker hebben dan mensen omdat die hun geheugen niet schoon kunnen wissen. Als we iemand vergeven, moeten we doorgaans onze grieven telkens opnieuw naast ons neerleggen als de herinnering weer in ons geheugen opkomt. Hoe meer we echter van iemand houden, des te gemakkelijker het wordt om te vergeten. In die zin verwijdert Gods oneindige liefde wellicht onze zonden werkelijk volledig uit Zijn oneindig grote geheugen.

Vragen bij hoofdstuk 7

1. In Genesis 30:22 staat in de NBV: 'Toen dacht God eindelijk aan Rachel: hij verhoorde haar en opende haar moederschoot.' Hoe is 'zich herinneren' in deze tekst gebruikt?
2. Nadat Jozef de droom van de schenker had verklaard, zei hij "Maar zachar mij, wanneer het u goed zal gaan; bewijs mij toch goedertierenheid en zachar mij aan de farao, en maak dat ik uit dit huis kom" (Genesis 40:14). In de Bijbel staat vervolgens echter: 'Het hoofd van de schenkers zachar echter niet meer aan Jozef, maar hij vergat hem' (Genesis 40:23). Als we de bredere Hebreeuwse betekenis van zich herinneren en vergeten erbij betrekken, wat zegt deze tekst dan over de actie van de schenker?
3. In Deuteronomium 4:23 (NBV) zegt Mozes tot Israël: "Zorg er dan voor dat u het verbond dat de HEER, uw God, met u heeft gesloten niet vergeet ….." Denkt Mozes dat ze hun toewijding aan het verbond zullen vergeten, of zegt hij iets anders?
4. Als je vergeeft, vergeet je dan meestal ook? Of blijf je het je toch hoe dan ook herinneren? Wat denk je dat God doet?

8. Jesjoea

Verlossing in dit leven

En dit is het eeuwige leven, dat zij U kennen, de enige waarachtige God, en Jezus Christus, Die U gezonden hebt. (Johannes 17:3)

Door onze Griekse achtergrond hebben wij de neiging om deze wereld als waardeloos en slecht te beschouwen, in plaats van de Bijbelse houding aan te nemen dat de schepping goed is en dat het menselijk leven zinvol is. We verlangen naar de hemel. Hoewel dat goed is, denken we vaak dat ons leven alleen maar wachten is – wachten totdat Christus terugkomt, of wachten totdat we sterven en naar de hemel gaan. Als we het Bijbels-Hebreeuwse begrip verlossing (*jesjoea*) beter bekijken, kan dat ons een ander perspectief geven.

Veel moderne christenen zien verlossing als toelating tot de hemel na het sterven. Het is waar dat we vrijgesproken zullen zijn van het oordeel, maar dit is slechts een deel van het Bijbelse beeld van verlossing, dat ook het herstellen van een relatie met God in dit leven omvat. Dit begrip van verlossing in het heden stelt ons in staat om sommige teksten te begrijpen die anders misschien niet zoveel betekenis voor ons zouden hebben. Paulus zegt:

> *Blijf u inspannen voor uw redding, en doe dat in diep ontzag voor God, want het is God die zowel het willen als het handelen bij u teweegbrengt, omdat het hem behaagt.* (Filippenzen 2:12b,13 NBV)

Als we alleen over verlossing denken in termen van een toekomstige beloning, dan klinkt deze tekst alsof we voortdurend in een staat van bezorgdheid zouden moeten zijn. Maar als verlossing iets is dat we al hebben, dan spreekt Paulus over diepe *eerbied* voor God voelen (zie hoofdstuk 3), een gevoel dat elk deel van ons leven in relatie met Hem wil brengen.

Daarnaast vergelijkt Jezus in Zijn gelijkenissen een ongelovige met een schaap dat van de kudde is afgedwaald, of met een verloren zoon die zijn familie heeft verlaten. Verlossing komt wanneer de herder het schaap vindt en het naar huis brengt, of

wanneer de verloren zoon weer in de familie wordt opgenomen. Verlossing en eeuwig leven beginnen nu, als een relatie met God begint.
Jezus zegt:

> *En dit is het eeuwige leven, dat zij U kennen, de enige waarachtige God, en Jezus Christus, Die U gezonden hebt.* (Johannes 17:3)

Het is interessant dat ons beeld van God verandert als we verlossing zien als iets dat in dit leven begint. Als verlossing alleen gaat over het ontsnappen aan de hel, dan is ons beeld van God vooral dat van een boze rechter, die we zullen ontmoeten als we sterven. Als God echter een herder is die zijn schaap zoekt of een vader die er intens naar verlangt dat zijn zoon thuiskomt, zien we dat Hij heel veel van ons houdt en ons nu al dicht bij Zich wil hebben.

We moeten ons ook de vraag stellen: als we nu al in de eeuwigheid leven, is dat dan in ons leven te zien? Als we slechts op een toekomstige belofte wachten, kunnen we ons leven hier gemakkelijk verspillen. Zou een leven in relatie met God gevuld zijn met gedachteloos vermaak of materialisme? De wereld om ons heen is vol mensen die de zin van het leven niet zien. Misschien zou het evangelie krachtiger klinken als we hier zouden beginnen uit onze verlossing te leven, in plaats van te wachten op de toekomst. In 1 Timotheüs 6:12b staat:

> *Grijp naar het eeuwige leven, waartoe u ook geroepen bent en de goede belijdenis afgelegd hebt voor vele getuigen.*

Vragen bij hoofdstuk 8

1. Lees Johannes 17:3. Wat verrast je in de beschrijving van het eeuwige leven? Hoe verbreedt dat je begrip van de woorden eeuwig leven?
2. Rabbi's uit de tijd van Jezus stelden eeuwig leven tegenover snel voorbijgaand leven. Eeuwig leven betekende voor hen een leven dat zich richtte op eeuwige zaken en zich voorbereidde op de eeuwigheid. Dat werd vergeleken met een leven dat zich alleen bezighield met zaken die je in leven houden, zoals eten en geld verdienen. Als Jezus het op deze manier bedoelde, hoe komt Johannes 17:3 dan overeen met het leven van een eeuwig leven?
3. Lees Kolossenzen 3:21 en 22. Hoe houden de woorden van Paulus verband met verlossing in dit leven en niet alleen maar met verlossing van onze zonden als we sterven?
4. Hoe leef jij je eeuwige leven op dit moment? Vul jij je tijd met leeg vermaak of materialisme? Of investeer je in eeuwige zaken, zoals aandacht hebben voor mensen, je relaties verdiepen, Gods Woord bestuderen en het evangelie verspreiden?

II

Levenslessen

Als we met de ogen van een andere cultuur naar ons leven kijken,
zien we onszelf vanuit een ander, neutraler perspectief.
We ontdekken veel praktische wijsheid in de Schriften als we leren
hoe de schrijvers van die tijd het leven zagen. Deze inzichten kunnen invloed
hebben op de manier waarop wij ons dagelijks leven leiden.

Ruth blijft trouw aan haar schoonmoeder (pentekening Lilien)

9. Avad

Werken en aanbidden

En alles wat u doet, doe dat van harte, als voor de Heere en niet voor mensen, in de wetenschap dat u van de Heere als vergelding de erfenis zult ontvangen, want u dient de Heere Christus. (Kolossenzen 3:23-24)

We kunnen veel boeiende inzichten verkrijgen door het Hebreeuwse woord *avad* te bekijken, dat dienen betekent. Het wordt gebruikt om verschillende activiteiten te beschrijven die wij als aparte begrippen zien, maar die in Bijbelse culturen elkaar overlappen. Het woord avad betekent niet alleen dienen maar ook werken en zelfs aanbidden! Een verwant woord, *eved*, betekent dienaar of slaaf.

Deze overlappende betekenissen kunnen we goed zien in Exodus 8:1, waar God Farao oproept om Zijn volk te laten gaan, zodat zij Hem kunnen aanbidden (avad). In zekere zin was dat om Hem te kunnen aanbidden, maar het hield ook in dat Farao hen als slaven (*avedim*) moest vrijlaten, omdat ze in plaats daarvan God moesten gaan dienen (avad*)*!

Een les die we uit dit woord kunnen leren is dat wat we het meest dienen met onze tijd het voorwerp is van onze 'aanbidding'. Of het materieel succes of prestaties in ons werk of school betreft: wat we met ons leven dienen, kan een voorwerp van aanbidding worden. Paulus zegt dat we altijd in gedachten moeten houden dat het uiteindelijk Christus is die wij dienen.

Het woord avad heeft gevolgen die van belang zijn voor ons dagelijks leven. Tenzij we een geestelijke bediening hebben, zouden we kunnen denken dat ons dagelijks werk een wereldse aangelegenheid is. Dat wil zeggen: geld verdienen is onze verantwoordelijkheid, niet die van God, als we maar elke week een beetje met Hem delen. Hoe anders wordt ons perspectief als we ons werk gelijkwaardig aan het dienen van God beschouwen, als een manier waarop wij Hem aanbidden! In het licht van dit begrip is het belangrijk om Gods gebod over de Sabbat te horen:

Zes dagen moet u arbeiden (avad, dienen), maar op de zevende dag moet u rusten. (sjabbat, rusten of ophouden) (Exodus 34:21a)

Voordat ik dat inzicht kreeg, dacht ik altijd dat God van ons verwachtte dat we Hem één dag van de week aanbidden (avad) en op de andere zes dagen werelds werk voor onszelf doen. In plaats daarvan zegt God dat we Hem zes dagen van de week moeten dienen en moeten rusten op de zevende dag, zelfs van werk dat God ons heeft gegeven! Vooral degenen die een geestelijke bediening hebben zullen blij zijn te horen dat God ook hen rust gunt.

We moeten er ook over nadenken hoe we ons werkzame leven gebruiken om God te dienen. Ieder aspect van ons dagelijks werk is een getuigenis voor de God die wij dienen. Zijn we toegewijde werknemers? Hebben we geduld met onze collega's? Gaan we eerlijk om met het geld van het bedrijf? Onze houding ten opzichte van ons dagelijks werk zal zeker veranderen als we het gaan zien als aanbidding.

Vragen bij hoofdstuk 9

1. In Genesis 2:15 staat: 'De HEERE God nam de mens, en zette hem in de hof van Eden om die te bewerken en te onderhouden.' Op welke manier is dat gebod nog steeds op ons van toepassing?
2. Lees Mattheüs 6:24. Hoe verandert de verhouding tussen werk, aanbidding en dienstbaarheid/slavernij door deze woorden van Jezus?
3. Lees Kolossenzen 3:23-24. Hoe spreekt dit je persoonlijk aan?
4. Op welke manier gebruik je je werk, dat je zes dagen per week doet, om God te dienen of te aanbidden? Hoe kun je jouw werk meer bewust tot een dienst aan God maken?

10. Emoena

Geloof en trouw

…[Abram] geloofde in de HEERE, en Die rekende hem dat tot gerechtigheid.
(Genesis 15:6)

Eén van de meest geciteerde verzen over Abraham is Genesis 15:6. Dit is een sleutelvers dat wordt gebruikt in de discussie over redding door geloof en niet door werken – het hoofdthema van de protestantse reformatie. Het was Abrams geloof dat hem in Gods ogen rechtvaardig maakte. Christenen hebben aan de hand van dit vers door de eeuwen heen het belang van het geloof in Gods beloften benadrukt in plaats van het verdienen van onze redding door werken.

Het is echter belangrijk te begrijpen dat het sleutelwoord, *emoena*, dat wij vertalen als geloven, in het Hebreeuws een ander accent heeft dan wij geneigd zijn te horen. In het Nederlands en het Grieks (*pistis*), is de belangrijkste betekenis: instemming met een feitelijke bewering, het eens zijn met de waarheid van bepaalde ideeën.

Het woord emoena betekent geloof hebben, maar het heeft een bredere betekenis die gevolgen heeft voor wat God als gelovigen van ons vraagt. Het omvat ook de gedachte van standvastigheid en volharding. Exodus 17 vertelt ons dat Mozes de hele dag zijn handen omhoog hield totdat de Israëlieten een belangrijk gevecht wonnen. Er staat dat zijn handen tot zonsondergang stevig (emoena) in die positie bleven. In dit verband betekent het woord standvastig.

Het woord emoena wordt ook gebruikt om Gods trouw te beschrijven, in termen van Zijn blijvende toewijding aan Zijn mensen:

Daarom moet u weten dat de HEERE uw God is. Hij is dé God, de getrouwe (emoena) *God, Die het verbond en de goedertierenheid in acht neemt voor wie Hem liefhebben en Zijn geboden in acht nemen, tot in duizend generaties.*
(Deuteronomium 7:9 HSV)

Als we terugkijken naar het vers over Abrahams emoena, zou het ons moeten vertellen dat Abraham Gods beloften geloofde en dat hij een volhardende toewijding aan God had, die zichtbaar was in zijn trouw gedurende zijn leven – hij wachtte 25 jaar op een zoon en was bereid hem als offer aan God terug te geven toen God hem daarom vroeg.

Dit heeft gevolgen voor wat het betekent om een christen te zijn. Ik vroeg me altijd af waarom God bepaalde mensen redt, alleen maar omdat zij besloten om die overtuiging aan te nemen en geen andere. Jakobus legt echter uit dat zelfs Satan in de waarheid van God en Jezus gelooft (Jakobus 2:19); maar dat hij dat gelooft, verlost hem niet! Want terwijl Satan misschien wel de waarheid weet, kan hij niet zeggen dat hij emoena heeft: een toegewijde trouw aan de Heer. Waar God om vraagt is meer dan een nuchtere beslissing om te geloven dat een bepaald aantal feiten waar is. Hij wil geloof in Zijn beloften, gevolgd door onwrikbare trouw aan Hem.

Vragen bij hoofdstuk 10

1. Lees Numeri 14:11. Denk je dat de Israëlieten niet in God geloofden, nadat Hij de Schelfzee spleet en manna vanuit de hemel zond? Lees andere vertalingen van dit vers. Kun je, door de Hebreeuwse betekenis van *emoena* te gebruiken, uitleggen wat de tekst bedoelt met niet geloven in God?
2. Deuteronomium 28:59b beschrijft plagen en ziekten met een woord dat afgeleid is van *emoena*. Zoek het vers op in je Bijbel en leg uit welke betekenis dit woord in dit vers heeft.
3. In Jakobus 2:18-23 citeert Jakobus Genesis 15:6, waar staat: 'Abram vertrouwde op de HEER en deze rekende hem dit toe als een rechtvaardige daad.' (NBV) Hoe gebruikt Jakobus als Jood zijn verstaan van het Hebreeuwse woord emoena om geloof te combineren met daden?
4. Als christenen spreken we over geloven in Christus, maar we hebben het niet vaak over trouw. Waar zie je in je eigen leven trouw aan Hem? Hoe zou je hierin kunnen groeien?

11. Lasjon HaRa

De kwade tong

לָשׁוֹן הָרַע

Want wie het leven wil liefhebben en goede dagen zien, die moet zijn tong weerhouden van het kwaad, en zijn lippen van het spreken van bedrog.
(Psalm 34:12-13 geciteerd in 1 Petrus 3:10)

Het Hebreeuwse woord voor roddel is *lasjon hara* (uitgesproken als la-SJON ha-RA). Dit betekent letterlijk: de kwade tong. Het wordt gedefinieerd als iemand in diskrediet brengen door negatieve details over hem of haar te onthullen. Lasjon hara is iets anders dan lasteren, want dat is leugens over anderen vertellen. Terwijl iedereen erkent dat lasteren verkeerd is, zien minder mensen in dat het ook verkeerd is om negatieve informatie over anderen door te vertellen. Lasjon hara is aan collega's vertellen hoe de baas zijn presentatie verprutst heeft of een opmerking maken dat de zangleider van de kerkdienst vals zingt. Als je dit doet breekt dat vriendschappen af en ondermijnt dat het vertrouwen. Soms is het nodig dat informatie openbaar wordt gemaakt die iemand in diskrediet brengt, maar in principe wordt dit afgekeurd in de Joodse gemeenschap.

Joodse denkers wijzen er op dat je andere zaken die dichtbij lasjon hara liggen, ook zou moeten vermijden. Bijvoorbeeld: als je een redactioneel krantencommentaar dat je niet aanstaat, aan anderen laat zien zodat ook zij het zullen bespotten, wordt dat 'stof van lasjon hara' genoemd. Het zijn ook sarcastische opmerkingen zoals: zij is echt een genie, of niet soms? Zelfs meelachen als iemand anders aan het roddelen is, valt onder lasjon hara, omdat je zo ook je negatieve gevoelens doorgeeft.
Het is echt een moeilijke opgave om te vermijden dat je anderen beschadigt door subtiele opmerkingen en zelfs door lichaamstaal.

Een interessante uitleg van de rabbijnen was dat roddelen een zonde is die dichter in de buurt komt van moord dan van diefstal. Terwijl een dief als hij berouw heeft alles terug kan geven, kan iemand die roddelt nooit alle schade ongedaan maken!

Hoe kunnen we spreken zonder een ander te beschadigen, zodat onze relaties met anderen beter tot hun recht komen? Jezus zegt: "Aan de dingen die mensen zeggen, kun je zien hoe ze van binnen zijn" (Mattheüs 12:34b BGT). Volgens Zijn diagnose is het een probleem van het hart. Een belangrijke aanleiding van geroddel is ons verlangen om iets wat een ander doet in een zo slecht mogelijk daglicht te stellen. Als een vriend je niet heeft uitgenodigd voor een feestje, was het dan een vergissing of was het opzet? Iemand die van het ergste uitgaat, zal het aan iedereen willen rondbazuinen, maar iemand die van het beste uitgaat zal zich er niet druk om maken. Onze hele houding verandert als we anderen niet veroordelen, maar hen het voordeel van de twijfel geven (zie ook hoofdstuk 57).

Een andere reden waarom we onaardig over iemand spreken, is ons verlangen om onszelf te verheffen door anderen naar beneden te halen. Het werkt misschien tijdelijk, maar uiteindelijk zal het ook onszelf beschadigen. Paulus heeft een oplossing:

> *Jullie moeten jezelf niet beter vinden dan een ander, of opscheppen over jezelf. Nee, jullie moeten bescheiden zijn, en een ander belangrijker vinden dan jezelf. Denk niet alleen aan jezelf, maar zorg juist voor elkaar.* (Filippenzen 2:3-4 BGT)

Als we werkelijk evenveel om anderen geven als om onszelf, zullen we proberen hun goede naam te beschermen, net zoals we dat doen met de onze.

Vragen bij hoofdstuk 11

1. Psalm 15:1-5 spreekt over iemand die rechtschapen is en in vers 3 staat dat hij niet lastert of roddelt. Hoe wordt hij verder beschreven? Wat is zijn beloning voor de controle over zijn tong?
2. Lees wat Jezus zegt over ons spreken in Mattheüs 12:33-37. Denk na over wat je de afgelopen dagen gezegd hebt. Wat laten je woorden zien over je hart? Wat kun je hierin veranderen?
3. Jakobus 3:2-9 beschrijft de tong in krachtige termen: als ontembaar en als een klein vuur dat grote verwoesting kan veroorzaken. Wat hebben zijn krachtige woorden je geleerd over het belang van rechtvaardig spreken?
4. Geef een voorbeeld uit je eigen ervaring van de grote schade die roddel of laster kan aanrichten. Wat heeft het je geleerd over hoe je je tong moet beteugelen?

12. Pesel

Afgoden in het Land

*Ze hielden er onjuiste denkbeelden over de HEER, hun God, op na. …
Op alle hoge heuvels en onder elke bladerrijke boom richtten ze gewijde stenen en
Asjerapalen op … Ze dienden afgoden, hoewel de HEER hun dat uitdrukkelijk
verboden had.* (2 Koningen 17:9-12 NBV)

In onze moderne cultuur is het moeilijk je in te denken dat je verleid wordt om afgoden te dienen. Omdat we geloven in één God (monotheïsme), geloven we simpelweg niet dat er naast onze God nog andere goden bestaan. Afgodendienst zegt ons dus niets. Maar als we de psychologie achter de oude praktijk van afgodendienst begrijpen en dan naar onze eigen cultuur kijken, kunnen we daar voor onszelf lessen uit trekken.

In het oude Midden-Oosten geloofden de mensen dat elk land zijn eigen goden had en dat de macht en het machtsgebied van die goden begrensd was. Ze geloofden dat de goden de voorspoed en vruchtbaarheid beheersten van de mensen die hen aanbaden. Deze goden stelden geen morele eisen: ze wilden alleen aanbidding en offers in ruil voor hun gunsten. Mensen bewonderden daarom iemand die op een slinkse manier welvarend was geworden vanwege zijn handigheid om de gunst van de goden te winnen.

De God van Israël, JHWH*, daagde Zijn volk echter uit doordat Hij zo anders was. Andere goden leken op mensen, maar deze God was niet zichtbaar en niet te bevatten. Andere goden konden gemanipuleerd worden door bezweringen, maar deze God wees tovenarij af. Maar het belangrijkste verschil met de andere goden was dat deze God eiste dat Zijn volk ethisch zou handelen.

Ook al geloven we dat we monotheïsten zijn, toch kunnen we ten prooi vallen aan een manier van leven die erg lijkt op afgoderij. Als we onze agenda ons leven laten

---

* deze naam wordt in onze Bijbelvertalingen weergegeven als 'HEER' met hoofdletters.

bepalen en alleen maar aan onbelangrijke problemen denken, dienen we kleine 'goden' en niet God zelf.

God wil dat we oprecht zijn, maar soms wekken we de indruk dat we God dienen, terwijl onze werkwijze laat zien dat we afgoden dienen. Een kerk kan bijvoorbeeld willen groeien, maar als daarvoor populaire activiteiten worden gekozen in plaats van geestelijke groei, wordt duidelijk dat het vullen van kerkbanken een afgod geworden is. Of: iemand kan een baan krijgen waarmee hij de Heer dient, maar als hij oneerlijke dingen doet om zijn aanstelling te behouden, is de baan een afgod geworden. Waarom? Als we God dienen, doen we de dingen op Gods manier, maar op het moment dat iets anders een grotere 'god' voor ons is geworden, stellen we ons boven God en doen we wat wijzelf willen.

We kunnen ook afgoden dienen als we er niet volledig van overtuigd zijn dat God alles bestuurt. De gedachte dat JHWH oneindig veel groter is dan de andere goden, was ook een uitdaging voor de Israëlieten, die er vermoedelijk niet zeker van waren dat God van Baäl zou winnen toen Elia de priesters van Baäl uitdaagde (1 Koningen 18:20-40). Zoals de Israëlieten er niet zeker van waren of God Baäl zou verslaan, zo zijn wij ook als we er aan twijfelen of God Zijn doel wel kan bereiken, omdat waar Hij tegen strijdt voor ons gevoel te groot is. We verkleinen God dan tot de grootte van deze wereld. Wij kunnen nauwelijks begrijpen dat hóe machtig de dingen om ons heen ook lijken te zijn, God nóg machtiger is.

Vragen bij hoofdstuk 12

1. Lees het verhaal over het gouden kalf in Exodus 32:1-8. Als je hierbij nagaat wat je hebt geleerd over de denkwijze van de afgodendienst, waarom zouden de Israelieten dit dan hebben gedaan? Waarom ontstak God daardoor in woede?
2. Lees het verhaal over de wedstrijd tussen Baäl en God in 1 Koningen 18:20-40. Baäl was een regionale godheid die vooral op de berg Karmel werd vereerd. Hij werd beschouwd als de god die de macht had over de regen in dat gebied en op afbeeldingen staat hij rijdend op een stier met een bliksemschicht die hij uit zijn hand wegslingert. Hoe helpt deze kennis ons om te begrijpen waarom Elia juist deze uitdaging aan de priesters van Baäl deed?
3. Kolossenzen 3:5 spreekt over 'de hebzucht, die afgoderij is.' Hoe kan hebzucht afgoderij genoemd worden? Hoe kunnen we weten of we teveel aandacht aan geld schenken?
4. Christenen kunnen afgodendienaars worden als ze zich teveel door hun agenda laten leiden. Hoe heb je dat meegemaakt in de kerk en in je eigen leven?

13. Chochma

Door Hem gegeven wijsheid

Het onderricht van de wijze is een bron van leven om de strikken van de dood te ontwijken. (Spreuken 13:14)

Wij westerlingen denken dat wijsheid het vermogen is om diepgaande gedachten te kunnen ontwikkelen. We vinden dat de wijze filosoof het tegenovergestelde is van de handarbeider die timmert of muren schildert. Het is echter opmerkelijk dat in het Hebreeuws hetzelfde woord *chochma* wordt gebruikt om beide te beschrijven. De Bijbel spreekt over vaklieden als mensen die een wijs hart hebben. We zien dat deze term gebruikt wordt voor de vaklieden die de tabernakel bouwden:

Elke vrouw die wijs van hart was, spon eigenhandig en bracht wat ze gesponnen had: blauwpurperen, roodpurperen en scharlakenrode wol en fijn linnen. (Exodus 35:25)

Het woord chochm*a* beschrijft de vaardigheid om succesvol te functioneren in het leven, of dat nu is door het kiezen van de juiste aanpak in een moeilijke situatie, of door de vaardigheid om stoffen te weven. Het is praktisch en geschikt voor deze wereld, niet maar iets bovenaards. In het Judaïsme hebben handarbeiders historisch gezien altijd zeer hoog in aanzien gestaan, in plaats van het als ongeestelijk te minachten. Een illustratie daarvan is dat als een belangrijke rabbijn een ruimte binnenkwam, de mensen moesten stoppen met wat ze deden en moesten opstaan om hem te eren. Maar timmerlieden en andere ambachtslieden hoefden niet te stoppen, omdat hun werk nét zo eerbaar was als dat van een grote rabbijn. Dit bevestigt ook dat in het jodendom het alledaagse leven in deze wereld belangrijk is.

We kunnen veel leren van het Hebreeuwse woord voor wijsheid! Als westerlingen zijn we geneigd te geloven dat God alleen maar betrokken is bij onze geestelijke activiteiten, zoals Bijbelstudie of gebed. We veronderstellen dat de rest van onze taken werelds zijn en dat God daar geen belang aan hecht. Hier leren we echter dat het in de Bijbel als wijsheid wordt beschouwd om ons werk goed te doen, wát het ook is: het bedienen van een kopieerapparaat, het programmeren van een computer, grasmaaien of huishoudelijk werk.

We kunnen aan het woord chochma en ook in het hele Bijbelboek Spreuken zien, dat God al onze dagelijkse activiteiten belangrijk vindt. Het laat God niet onverschillig hoe we ons werk doen of wij nu een goede docent, systeemanalist, bankmedewerker of kassière zijn. God is praktisch en heel gewoon. Het laat Hem niet onverschillig als onze bankrekening in het rood staat of dat het in ons huis altijd een bende is of om dat we veel televisie kijken. Zijn verlangen is dat we wijsheid in alle dingen hebben om het leven dat Hij ons heeft gegeven voluit te kunnen leven. De chochma die God ons heeft gegeven, is bedoeld om vakkundig in Zijn Koninkrijk in te zetten, met beleid en tot Zijn eer.

Vragen bij hoofdstuk 13

1. In Exodus 31 zegt God tegen Mozes dat Hij Bezaleël heeft vervuld met de Geest van God, met wijsheid (chochma), inzicht, kennis en allerlei vakmanschap om voorwerpen voor de inrichting van de tabernakel te maken. Wat voor wijsheid of vaardigheid (chochma) zou hij moeten hebben? Hoe zou de Heilige Geest daarbij helpen?
2. In Spreuken 31:10-31 lezen we over de deugdelijke (NBV: sterke) vrouw. In Spreuken 31:26 staat dat ze met wijsheid (chochma) spreekt en liefdevolle lessen geeft (NBV). Als wijsheid praktisch en heel gewoon kan zijn, wat voor wijsheid zou ze dan met haar familie gedeeld kunnen hebben? Onderwijzen wij deze dingen in onze gezinnen?
3. Lees 1 Korinthe 1:19 en de bredere samenhang ervan in de verzen 10-31. Tegen welk soort wijsheid en verstand spreekt God Zich hier uit?
4. Ben je geneigd God te zien als Iemand die alleen betrokken is bij je geestelijke activiteiten? Over welk deel van je praktische, alledaagse leven zou God jou advies willen geven, als je bereid zou zijn om te luisteren?

14. Ajin-Tova

Een goed oog hebben

עַיִן־טוֹבָה

De lamp van het lichaam is het oog; als dan uw oog oprecht is, zal heel uw lichaam verlicht zijn; maar als uw oog kwaadaardig is, zal heel uw lichaam duister zijn. Als het licht dat in u is, duisternis is, hoe groot is dan de duisternis zelf!
(Mattheüs 6: 22-23)

In alle talen komen uitdrukkingen voor die nergens op slaan als je ze letterlijk neemt, zoals het regent pijpenstelen of om de hete brij draaien. Vaak lijken uitdrukkingen die Jezus in de evangeliën gebruikt weinig betekenis te hebben, totdat we begrijpen dat het Hebreeuwse uitdrukkingen zijn. Door te kijken naar de Semitische uitdrukkingen in de Joodse cultuur van Jezus' dagen, kunnen we een veel duidelijker inzicht in het onderwijs van Jezus krijgen.

In de bovenstaande Bijbeltekst is het bijvoorbeeld niet duidelijk waarom Jezus over ons oog spreekt. Het woord *tov* dat Hij gebruikt om het 'oprechte' oog te beschrijven, kan ook worden vertaald als enkel, gaaf, gezond of goed. Sommige New Age-leraren hebben gezegd dat Jezus hiermee een meditatief, derde, innerlijk oog bedoelde. En er was zelfs een oogarts die beweerde dat Jezus een neurologische aandoening beschreef!

Jezus' uitspraak blijkt echter een Hebreeuwse uitdrukking te zijn, die werd gebruikt om de houding van een persoon ten opzichte van anderen te beschrijven. De Hebreeuwse opvatting van zien gaat verder dan je ogen gebruiken. Het verwijst naar het zien van en reageren op de behoeften van anderen. Een uitdrukking die hieruit voortkomt is dat iemand die een 'goed oog' heeft, genereus is. Dat betekent dat diegene de behoeften van anderen ziet en hen wil helpen. Aan de andere kant is iemand met een 'slecht oog' of 'boos oog' gericht op zijn of haar eigenbelang. We vinden deze uitdrukkingen in Spreuken:

Wie vriendelijk van oog is, die wordt gezegend, omdat hij de behoeftige van zijn brood geeft. (Spreuken 22:9 NBG)

Een man, boos van oog, hunkert naar rijkdom, en hij weet niet, dat gebrek hem zal overkomen. (Spreuken 28:22, NBG)

Ook op een andere plaats gebruikt Jezus in de evangeliën de uitdrukking slecht oog voor hebzucht. In de gelijkenis van de landheer die alle arbeiders hetzelfde uitbetaalt, zegt de landheer tegen de arbeiders: "Staat het mij niet vrij met het mijne te doen, wat ik wil? Of is uw oog boos (*ajin ra*), omdat ik goed ben?" (Mattheüs 20:15 NBG).

Nog een andere, nauw verwante uitdrukking uit die tijd is die van een enkel oog, dat een oprechte, onbaatzuchtige kijk op het leven betekent. Of Jezus nu een slecht oog (een hebzuchtige, egoïstische houding) tegenover een enkel oog (een oprechte houding) of een goed oog (een vrijgevige houding) wilde stellen, als we deze uitdrukkingen kennen kan het ons in ieder geval helpen om de passage uit Mattheüs 6 beter te begrijpen. Als we anderen oprecht liefhebben en als we een vrijgevige geest hebben, zal ons leven vol licht zijn. Als we alleen aan ons eigen belang denken, terwijl we onze ogen sluiten voor de behoeften van anderen, zal ons leven pas echt donker zijn.

Vragen bij hoofdstuk 14

1. In Genesis 22:8 betekent het Hebreeuwse woord dat als voorzien vertaald wordt letterlijk zien. Verderop, in vers 14, noemt Abraham de plaats 'de HEERE zal erin voorzien' en opnieuw staat daar het Hebreeuwse woord voor zien. Wat denk je, waarom is dat zo?
2. Lees Spreuken 28:27 over je ogen sluiten. Hoe houdt dit verband met wat Jezus zegt over het goede oog?
3. Lees 1 Johannes 2:10-11. Hoe kan deze uitspraak vergeleken worden met Jezus' woorden over het goede oog in Mattheüs 6? Hoe vergroot het ons begrip van leven in het licht en in de duisternis?
4. Heb jij een goed oog dat ziet wat mensen in je omgeving nodig hebben? Noem een paar mensen in je buurt, op je werk, op je school of in je kerk die hulp nodig hebben. (Als je niemand kunt bedenken, wat zegt dat dan over je 'oog' of over de manier van leven waarvoor je hebt gekozen?) Hoe kun je je gevoeligheid voor hun noden vergroten en hen helpen?

15. Nefesj

God met heel je leven liefhebben

U zult de Heere, uw God, liefhebben met heel uw hart, met heel uw ziel, met heel uw kracht en met heel uw verstand, en uw naaste als uzelf. (Lukas 10:27)

De opdracht om God met heel ons hart, ziel, kracht en verstand lief te hebben, is het grootste gebod. Het is onderdeel van het *Sjema*, het gebed dat Jezus, net als alle Joden toen en nu, 's morgens en 's avonds bad om zich toe te wijden aan de Heere (zie hoofdstuk 1). Wanneer we over die woorden nadenken, hebben we de neiging om snel over de woorden hart en ziel heen te lezen, waarschijnlijk omdat we denken dat het betekent dat we God met onze geest en emoties heel hartstochtelijk moeten liefhebben.

Ons beeld van God kan worden verrijkt door het woord ziel (*nefesj*) beter te leren begrijpen. Het Hebreeuwse woord nefesj betekent zowel leven als ziel. De Joodse interpretatie van 'heb de Heer lief met geheel uw ziel' is dus eigenlijk dat we God met heel ons leven moeten liefhebben - elk moment, je leven lang. Van God houden met onze nefesj, ons leven, is het tegenovergestelde van het één-uur-per-week christen-zijn, waarbij de gedachten grotendeels afgeleid worden door werk, politiek, hobby's, investeringen, sportieve evenementen en entertainment, zoals dat bij velen van ons vandaag de dag het geval is. Al die dingen zijn op zich goed. Maar God achter de zijlijn van je leven wegdrukken, is precies het tegenovergestelde van de bedoeling van deze tekst uit het Sjem*a*.

Een meer traditionele interpretatie van 'met al uw nefesj' is dat we God zelfs moeten liefhebben op het moment dat we ons leven voor Hem opofferen. Als Joden daartoe in staat zijn, zullen ze het Sjem*a* op het moment van hun sterven uitspreken, om zich definitief aan hun HEER toe te wijden.

Om dat denkbeeld te illustreren is er een indrukwekkend verhaal. Rabbi Akiva, een zeer gerespecteerde rabbijn die in de eerste eeuw na Christus leefde, werd in het openbaar door de Romeinen doodgemarteld, omdat hij weigerde te stoppen met het geven van onderwijs en het bestuderen van de Schriften. Terwijl hij werd gemarteld, hoorden zijn studenten hem in het vroege ochtendlicht het Sjem*a* zeggen, in plaats van zijn pijn uit te schreeuwen. Zijn studenten riepen hem toe: "Meester, zelfs nú?". De stervende rabbijn zei: "Mijn hele leven heb ik me de betekenis afgevraagd van de tekst 'Heb de Here, uw God, met heel uw ziel lief,' en me afgevraagd of ik ooit het voorrecht zou hebben om dat te doen. Nu ik die kans krijg, zal ik die dan niet met vreugde grijpen?". En hij herhaalde het eerste vers van het *Sjema:* "Hoor Israël, de Here is onze God, de Here is één," totdat zijn ziel hem verliet.

Dit is waar Jezus ons toe opriep, en wat Hij zelf deed: Hij had de Heere, en ons, met heel Zijn leven lief, tot Zijn laatste ademtocht.

Vragen bij hoofstuk 15

1. Eén letterlijke betekenis van *nefesj* is adem, maar het woord betekent ook ziel of leven. Adem is verbonden met leven, omdat we slechts ademhalen zolang we leven. Denk aan deze betekenis terwijl je Genesis 2:7 leest. Wat vertelt dit ons over onze relatie met God?
2. Lees Deuteronomium 10:12. Hoe zou je, met wat je hebt geleerd over de woorden avad (dienen) en nefesj (God dienen met heel je hart en heel je ziel) nog meer kunnen vertalen (zie ook Hoofdstuk 9)?
3. Het woord nefesj wordt soms ook vertaald met eetlust of verlangen. In Spreuken 13:25 staat bijvoorbeeld: 'De rechtvaardige eet tot hij (zijn nefesj) verzadigd is, maar de buik van de goddelozen zal gebrek lijden.' Wat is het om God lief te hebben met heel onze nefesj met deze betekenis van het woord?
4. Neem je activiteiten van de afgelopen week eens door. Hoe gebruik jij je leven om God lief te hebben en te dienen? Hoeveel van je tijd heb je hier de afgelopen week aan besteed?

III

De rijke verbeeldingskracht van de Bijbel ontdekken

In de oudheid dachten en drukten Hebreeërs zich uit door middel van rijke beelden die ontleend waren aan hoe ze de wereld rondom hen zagen. Zodra we hun wereld binnentreden en deze door hun ogen zien, kunnen we hun krachtige ideeën duidelijker begrijpen.

Karavanserai (kopergravure uit 1904 van Lilien)

16. Majiem Chajiem

Stromen van levend water

Het zal er wemelen van levende wezens, overal waar de rivier stroomt komt leven, er zal vis zijn in overvloed. Als dit water in de Dode Zee aankomt wordt het water daar zoet; overal waar de rivier stroomt komt leven. (Ezechiël 47:9 NBV)

In de oudheid zagen de Joden in hun leefwereld beelden die over God vertelden en God gebruikte dat om met hen in verbinding te komen. Omdat Jezus deze beelden ook gebruikte om over Zichzelf te vertellen, moeten wij daar ook aan denken om Zijn boodschap te kunnen begrijpen.

Eén beeld, dat van het 'levend water', is heel bekend in de contreien van het Midden-Oosten, waar water schaars en kostbaar is. De heuvels zijn het grootste gedeelte van het jaar bruin en dor, maar na een periode van regen ontspringt het leven er in groene weiden en bloemen. Weelderige gewassen omringen rivieren en bronnen, terwijl slechts enkele meters verderop alles nog dor is. Hieruit ontstond het beeld van *majiem chajiem* (uitgesproken als "MAI-iem CHAI-iem"), leven-gevend water van regen, rivieren en bronnen als een beeltenis van Gods Geest in de wereld.

Belangrijk is ook wat God zei over de komst van de Messias: "Ik zal water gieten op het dorstige en stromen op het droge. Ik zal Mijn Geest op uw nageslacht gieten en Mijn zegen op uw nakomelingen" (Jesaja 44:3). Jezus Zelf zei dat Hij de vervulling was van deze woorden over levend water; voor het eerst toen Hij sprak met de Samaritaanse vrouw bij de put (Johannes 4:10); en later op het Loofhuttenfeest toen Hij sprak tijdens de gebeden om regen* (Johannes 7:38).

Een van de mooiste profetieën over levend water staat in Ezechiël 47:1-12. Ezechiël zag een straaltje water onder het tempelaltaar vandaan komen dat langs de zuidelijke

---

* Op de laatste dag van het Loofhuttenfeest wordt altijd het gebed om regen uitgesproken, het *tefillat hagesjem*.

trappen naar beneden stroomde. Terwijl het stroomde, gebeurde er iets vreemds: de stroom werd groter en dieper totdat het een rivier werd, zo groot dat deze niet meer overgestoken kon worden. Deze rivier stroomde vanuit Jeruzalem in de richting van de Dode Zee, die bijna achttien kilometer verder ligt. Verbazingwekkend genoeg werd het niemandsland waar het doorheen stroomde tot leven gewekt. Eromheen begonnen planten en bomen te groeien en het wemelde plotseling van de vis in de Dode Zee.

Het is prachtig om te zien hoe dit beeld in Ezechiël 47 de uitstorting van de Heilige Geest tijdens het Pinksterfeest beschrijft. Het levende water viel eerst op de aanbidders in de tempel, alsof het 'druppelen' vanuit het heiligdom een 'plas' werd bij die eerste groep gelovigen. Toen Petrus preekte voor de menigte stond hij waarschijnlijk op de zuidelijke trappen, waar in Ezechiëls visioen het water overheen stroomde. Opgravingen hebben laten zien dat vlakbij deze trappen de *mikwes* (ceremoniële baden) waren, vol van levend water. Juist daar werden op die dag drieduizend mensen gedoopt. Deze *mikwes* zijn vandaag de dag nog steeds te zien!

Het water van Gods Geest kwam tot enkelhoogte, toen veel mensen in de stad tot geloof kwamen. Vervolgens kwam het water tot kniehoogte, toen het Evangelie zich verspreidde naar omliggende landen. In plaats van dat het minder krachtig werd, werd de rivier van de Geest dieper en breder terwijl deze verder stroomde! En zijn uiteindelijke bestemming is het meest verlatene van alle niemandslanden, vol van het vergiftigende water van de Dode Zee – de duistere realiteit van een wereld verstoken van kennis van de levende God.

Vragen bij hoofdstuk 16

1. Lees Psalm 63:1. Hoe verrijkt je kennis over het beeld van levend water je begrip van deze tekst?
2. Lees Jeremia 2:13. Als je nagaat dat dit geschreven is in een periode van afgoderij, wat wordt dan bedoeld met dit beeld?
3. Lees Johannes 4:13-14. Hoe kun je met wat je in dit hoofdstuk geleerd hebt over levend water deze uitspraak van Jezus goed begrijpen?
4. Heb je je ooit geestelijk uitgedroogd gevoeld en naar God gedorst? Voel je je nu zo? Hoe is het om levend water te proeven?

17. Tsietsiet

Zichtbare kwastjes

צִיצִת

De HERE sprak tot Mozes: Spreek tot de Israëlieten en zeg tegen hen dat zij voor zichzelf, al hun generaties door, kwastjes moeten maken aan de hoeken van hun kleren. Aan de kwastjes aan de hoek moeten zij een blauw purperen draad bevestigen.
(Numeri 15:37-38)

Voor moderne christenen lijken veel wetten in de Tora willekeurig. Eén van de voorschriften waar we vreemd tegenaan kijken is het gebod om kwastjes (*tsietsiet*) te dragen. Volgens de evangeliën droeg Jezus ze (Lukas 8:44); net als veel orthodox-joodse mannen dat tegenwoordig nog steeds doen. Daarbij hoort de bepaling dat de kwastjes duidelijk zichtbaar moeten zijn; ze mogen dus niet weggestopt worden. Hoewel het wettisch op ons kan overkomen, ontdekken we als we dieper graven de diepe betekenis ervan: de zichtbaarheid van de kwastjes bevat een levensles voor ons.

In de oudheid waren kwastjes een teken dat men tot de adel behoorde. Koningen en prinsen droegen prachtig omzoomde gewaden, versierd met kwastjes. Met de kwastjes aan hun kleed droegen de Israëlieten zichtbare bestanddelen van een 'koninklijk gewaad', als merkteken van Gods uitverkoren volk. Dit zal vast een krachtige boodschap zijn geweest voor de volken om hen heen, die het koninklijke element in die kleding herkenden. De blauwe draad in het kwastje herinnerde aan het blauw van de priestergewaden, omdat die geverfd waren met dezelfde zeldzame, dure blauw purperen verfstof. Het was alsof elke Israëliet draden van het gewaad van de hogepriester droeg, om hem erbij te bepalen dat hij apart was gezet om God te dienen. Later werden de kwastjes ook in een bepaald patroon geknoopt, om de drager te herinneren aan de geboden van God, die gehoorzaamd moesten worden.

God had gezegd: "U dan, u zult voor Mij een koninkrijk van priesters en een heilig volk zijn" (Exodus 19:6a). De tsietsiet waren de insignes op het 'uniform' dat Hij Zijn volk liet dragen om hun speciale status te laten zien. Het dragen ervan maakte hen ook tot getuigen van hun geloof, omdat alle mensen om hen heen hun kwastjes ook zouden zien. Elke keer als ze die kleding droegen, werden ze eraan herinnerd dat ze Gods vertegenwoordigers waren – een licht voor een duistere wereld, waarin andere volken hun kinderen offerden aan valse goden. Ze moesten laten zien hoe de ware God wilde dat ze zouden leven; en wat ze ook deden, goed of kwaad, was een weerspiegeling van hoe ze die God dienden. Als ze trouw waren aan hun roeping, zouden ze een heilig volk zijn dat door de hele wereld als zodanig zou worden herkend.

Hoe zou het zijn als christenen ook *tsietsiet* zouden moeten dragen? Ons geloof is vaak een privézaak en onze levens lijken op die van iedereen om ons heen. Hoewel dit gebod niet aan de heidenen werd gegeven, is de les van de *tsietsiet* dat ook wij een koninkrijk van priesters zijn, zoals in 1 Petrus 2:9 staat. Ook wij zijn apart gezet om Gods heiligheid te weerspiegelen, door anderen te dienen en hen dichter bij God te brengen. We moeten duidelijk zijn in het voorleven van ons geloof, zodat anderen onze 'kwastjes' zullen zien. Die kwastjes zijn een klein onderdeel van het gewaad van onze hogepriester, Jezus Christus. Je geloof laten zien, kan tot gevolg hebben dat anderen je trots en schijnheilig vinden; daarom hebben we het nodig om steeds meer onze eigen manier van leven los te laten, om nederig en vriendelijk te zijn. God wil ons veranderen in Zijn vertegenwoordigers, die Zijn liefde weerspiegelen en daardoor anderen aanzetten Hem ook lief te gaan hebben.

Vragen bij hoofdstuk 17

1. Lees 1 Samuel 24:3-7. Helpt het dat je weet wat de betekenis van de mantelzoom is om het berouw van David te verklaren? Lees 1 Samuel 15:26-27 en onderzoek of je nu ook deze scene kunt verklaren.
2. Jezus droeg het traditionele kleed met *tsietsiet*, en mensen grepen die vaak vast om genezen te worden (Matthéüs 9:20 en 14:35-36). Waarom denk je dat mensen de *tsietsiet* van Jezus wilden aanraken, nu je de betekenis kent?
3. Hoewel Jezus zelf *tsietsiet* droeg, protesteerde hij tegen de mensen die ze te lang en opzichtig maakten (Matthéüs 23:5). Wat kunnen we leren van deze woorden van Jezus?
4. Als God je opdracht gaf om altijd een teken te dragen, waaraan iedereen kon zien dat je een christen was, zou dat je gedrag dan veranderen? Hoe denk je over een visje-sticker op je auto? Zie je jezelf als iemand die in het openbaar God vertegenwoordigt?

18. Chameets

Zuurdesem als beeldspraak

Verwijder dan het oude zuurdeeg, opdat u een nieuw deeg zult zijn.
U bent immers ongezuurd. (1 Korinthe 5:7)

Een beeld uit de Bijbel dat ons in de moderne tijd misschien niets meer zegt, is dat van het zuurdeeg (*chameets*). In onze ogen is het wat vreemd dat God van Zijn volk eist dat ze geen gist (*se'or*) gebruiken in hun voedsel gedurende de week van Pesach en het Feest van de Ongezuurde Broden.

Het zal duidelijker worden als we weten op welke manier in de oudheid brood werd bereid. Als meel vochtig wordt, krijgt het na een paar dagen een zure smaak en zal het rijzen, omdat gistcellen uit de lucht zich erin vermenigvuldigen en daardoor luchtbelletjes ontstaan. Dit is het normale ontbindingsproces (fermentatie). Lang geleden is ontdekt dat als dit gefermenteerde deeg wordt gebakken, de luchtbelletjes en het zuur meer smaak aan het brood geven. Fermenteren duurde natuurlijk enkele dagen, maar dat proces kon versneld worden als er deeg van de vorige dag bij werd gedaan. Het oude deeg was de volgende dag stevig en zuur; als het nog langer bleef liggen, zou dat gaan bederven. Elke dag werd een stukje van het deeg van de dag ervoor aan de nieuwe hoeveelheid deeg toegevoegd om het te laten rijzen.

Nu we dit plaatje voor ons zien van hoe in de oudheid brood werd bereid, wordt het duidelijker waarom deeg met zuurdesem (*chameets*) een beeldspraak is geworden van een leven dat besmet is met zonde. Het rottingsproces dat tot de 'dood' leidt, werd aan elke deegklomp toegevoegd. Zonder zuurdesem smaakt deeg zoetig, maar met zuurdesem ontstaat er een lichtzure smaak die steeds sterker wordt; een proces dat pas stopt als het brood gebakken wordt. Dit is een goede illustratie van hoe de zonde ons van binnen verzuurt en ons opblaast door trots. Zoals Adam dat als eerste heeft ondervonden, leidt zonde tot ons bederf en onze dood.

Het krachtigste beeld van zuurdesem zien we in het Laatste Avondmaal dat Jezus met zijn discipelen tijdens de Pesachmaaltijd vierde. Toen Jezus het brood omhooghield en zei: "Dit is Mijn lichaam," zal Hij ongezuurd brood (*matze*) hebben gebruikt, omdat Joden dat moesten eten bij de Pesachmaaltijd (Deuteronomium 16:1-3). Hij sprak niet over brood in het algemeen als Zijn lichaam maar over dit speciale ongedesemde brood, onaangetast door bederf. Hij was niet, zoals de rest van de mensheid, aangetast door de 'verrotheid' van de mens. Het ongedesemd zijn was ook een vereiste om als offer te kunnen dienen. Alle dieren die geofferd werden moesten zonder enig gebrek zijn en alle graan dat als brandoffer diende moest vrij van zuurdesem zijn (Leviticus 2:11, 6:17).

Paulus en de andere gelovigen van het eerste uur begrepen dit beeld van het zuurdeeg. De apostel gebruikte deze beeldspraak om te beschrijven hoe het offer van Jezus ons in staat stelt gerechtvaardigd te leven.

> *Uw roem is niet goed. Weet u niet dat een klein beetje zuurdeeg het hele deeg doorzuurt? Verwijder dan het oude zuurdeeg, opdat u een nieuw deeg zult zijn. U bent immers ongezuurd, want ook ons Paaslam is voor ons geslacht: Christus. Laten wij dus feestvieren, niet met oud zuurdeeg, ook niet met zuurdeeg van slechtheid en boosaardigheid, maar met ongezuurde broden van oprechtheid en waarheid.*
> (1 Korinthe 5:6-8)

Mogen wij allemaal veranderde, ongedesemde levens leiden!

Vragen bij hoofdstuk 18

1. Jezus sprak over het ongedesemde brood als Zijn lichaam, onaangetast door bederf. Lees Handelingen 2:23-32, waar Petrus Psalm 16:10 citeert. Deze tekst beschrijft iemand die 'geen ontbinding zou zien.' Hoe brengt Petrus dit in verband met Christus?
2. Jezus zei tegen Zijn discipelen: "Kijk uit, en wees op uw hoede voor het zuurdeeg van de Farizeeën en de Sadduceeën" (Mattheüs 16:6).
Hoe helpt de beeldspraak van het 'doorzuren' je om deze tekst beter te begrijpen?
3. Jezus vergelijkt in Lukas 13:20-21 het koninkrijk van God met zuurdeeg. Begrijp je beter wat Jezus hiermee bedoelde, nu je meer weet over zuurdeeg?
4. Zuurdeeg kan klein beginnen, maar een krachtig effect hebben, hetzij ten goede (zoals het koninkrijk van God), hetzij ten kwade (zoals het bederf van de Sadduceeën). Denk aan iets in je leven dat als zuurdeeg is geweest, ten goede of ten kwade. Waar denk je dan aan en wat zijn de gevolgen als je dit nog meer laat groeien in je leven?

19. Tal

De verfrissing van de dauw

*Laat mijn leer neerdruppelen als de regen, laten mijn woorden stromen
als de dauw, als een zachte regen op het groen, en als regendruppels op het gewas.*
(Deuteronomium 32:2)

In de Bijbel worden regen (*gesjem*) of dauw (*tal*) vaak als beeld gebruikt voor een grote zegen. We moeten de unieke weersomstandigheden van Israël begrijpen om te zien waarom dat zo is en hoe dat de rijke verbeeldingskracht van de Bijbel kleurt.

Tussen de lenteregens die eind april ophouden en de herfstregens die vroeg in oktober beginnen, zijn er in Israël zes maanden met heldere luchten. Als het herfst wordt, is al het gras dood en is het waterniveau in de opslagplaatsen sterk gedaald. Het bestaan van de inwoners hangt volkomen af van de komst van de herfstregens, iets wat helemaal niet zeker is in dat dorre land. Als de regen weer terugkeert, ziet men dat als een directe zegen uit Gods hand.

Tijdens de zes maanden zonder regen, is dauw (tal) een kritische factor voor de plantengroei in het land. Als er in de zomer geen dauw zou zijn, zouden de meeste planten sterven. Het is zelfs zo dat dauw voor de gewassen net zo belangrijk is als regen. Als er geen regen is in het winterseizoen, groeien gras en vroege gewassen niet; als er geen dauw is in de zomer, drogen late gewassen uit en rijpen vruchten niet. Als er teveel zomernachten zonder dauw zijn, veroorzaakt dat droogte.

Het is interessant dat in de bergen van Israël tijdens veel nachten dauw rijkelijk aanwezig is. Doordat vochtige lucht van de Middellandse Zee het binnenland inwaait, is de dauw in de vroege zomer zo hevig dat de planten en bomen 's nachts letterlijk doordrenkt worden met water. In Richteren 6:38 staat dat Gideon een schaal vol water wrong uit een vacht, die hij 's nachts buiten had gelegd. Zelfs in gebieden waar nooit regen valt, is de dauw vaak voldoende voor genoeg plantengroei om schapen te kunnen laten grazen. Het water, dat condenseert op stenen, druppelt eraf waardoor kleine graspollen eromheen kunnen overleven.

Voor de mensen uit de oudheid die zo afhankelijk waren van hun gewassen, was dauw bijna zoiets als manna – een nachtelijk cadeau van God, die daarmee Zijn voortdurende zorg voor hen liet blijken. In de Sinaïwoestijn kwam het manna tegelijkertijd met de dauw, die zo ook voorzag in het levensonderhoud van de Israëlieten (Exodus 16:13; Numeri 11:9). In Hosea verklaart God:

Ik zal hun afkerigheid genezen, Ik zal hen vrijwillig liefhebben, want Mijn toorn heeft zich van hen afgewend. Ik zal voor Israël zijn als de dauw. Hij zal in bloei staan als de lelie.... (Hosea 14:5-6)

De volgende keer dat je dauw ziet, denk er dan aan dat God dagelijks voorziet in precies genoeg levend water, om voldoende gras te laten groeien om jou morgen van voedsel te voorzien.

En als het weer eens regent, denk er dan aan dat onze gewassen net zo afhankelijk zijn van regen als die in Israël. Wij zien regen echter als vanzelfsprekend omdat die bij ons zo overvloedig is. Gods trouw onderhoudt ons, of we nu klagen over regenachtige dagen, of ervoor danken, zoals we zouden moeten doen.

Vragen bij hoofdstuk 19

1. Lees Psalm 133. In vers 3 staat: 'Het is als de dauw van de Hermon, die neerdaalt op de bergen van Sion. Want daar gebiedt de HEERE de zegen en het leven tot in eeuwigheid.' De berg Hermon krijgt heel veel dauw, terwijl Sion (Jeruzalem) in een droger gedeelte van Israël ligt. Hoe helpt dit je om te begrijpen waarom eensgezind samenzijn goed is?
2. Lees Deuteronomium 11:13-17. Dit is een gedeelte van het *Sjema*, het gebed, dat tweemaal daags door Joden gebeden wordt, zodat ze aan hun verbond met de Heer blijven denken.
   Wat zou deze tekst dan betekend hebben voor iemand die lang geleden daar leefde als je denkt aan het klimaat in het Midden-Oosten? Hoe kunnen we vandaag de dag het zenden van 'regen' door God ook omschrijven?
3. In Hosea 14 belooft God dat Hij voor Israël als dauw zal zijn als het volk zich bekeert (vers 5). Lees Hosea 14:4-7. Hoe beschrijft deze tekst wat God doet in het leven van iemand die zich in berouw tot Hem wendt?
4. In Zijn wijsheid geeft God ons meestal niet teveel tegelijk, net zoals een beetje dauw dat 's nachts komt en 's morgen verdwijnt. Wat ervaar jij in je leven als blijvende, verfrissende dauw?

20. Joveel

Een jubeljaar

U moet het vijftigste jaar heiligen en vrijlating in het land uitroepen voor alle bewoners ervan. Het is jubeljaar voor u: ieder zal terugkeren naar zijn eigen bezit en ieder zal terugkeren naar zijn familie. (Leviticus 25:10)

In Leviticus staat een opmerkelijke wet van God aan Israël over het houden van een Jubeljaar. Om de vijftig jaar moest er een jaar van vrijheid (*deror*) worden uitgeroepen: dan zouden alle schulden kwijtgescholden worden, iedereen die gevangen zat vanwege schulden zou vrijgelaten worden, en iedereen zou het land van zijn erfdeel terugkrijgen, als hij dat verkocht had. Alleen mensen die in wanhopige armoede leefden, gingen schulden aan of verkochten hun land en het Jubeljaar gaf hen een kans om opnieuw te beginnen. Het woord Jubeljaar komt van *joveel*, de ramshoorn* die geblazen wordt om het nieuwe jaar aan te kondigen.

Men denkt dat Israël het Jubeljaar wellicht nooit heeft gehouden, omdat men ook nooit elk zevende jaar het Sabbatsjaar voor het land hield (2 Kronieken 36:21), terwijl dat veel gemakkelijker was om te houden. Er zijn aanwijzingen dat er in andere landen in het Midden-Oosten iets soortgelijks als een jubeljaar werd uitgeroepen, als er een nieuwe koning aan de macht kwam. Door alle schulden kwijt te schelden, zou de koning de sympathie van de massa winnen en de macht van de rijken ondermijnen. Het is interessant dat de profeten het Jubeljaar ook hebben verbonden met de komst van de messiaanse Koning (Jesaja 48:15-49:9). Jesaja zegt:

De Geest van de Here HERE is op Mij, omdat de HERE Mij gezalfd heeft om een blijde boodschap te brengen aan de zachtmoedigen. Hij heeft Mij gezonden om te verbinden de gebrokenen van hart, om voor de gevangenen vrijlating uit te roepen en voor wie gebonden zaten, opening van de gevangenis; om uit te roepen het jaar van het welbehagen van de HERE. (Jesaja 61:1-2a)

---

* Het gebruikelijke Hebreeuwse woord voor ramshoorn is sjofar, maar bij het Jubeljaar en bij de inname van Jericho blies men op de joveel; in de NV is dit vertaald met 'ramshoorns van de joveel rammen' (Jozua 6:4 e.v. NB).

Hier schetst Jesaja een beeld van de Messias die het Jubeljaar uitroept, dat het 'jaar van het welbehagen van de HERE' wordt genoemd en, tot hun grote vreugde, vrijheid (*deror*) geeft aan hen die vanwege schulden slaaf waren geworden.

Aan het begin van Zijn bediening las Jezus dit tekstgedeelte voor in de synagoge in Zijn vaderstad en zei: "Heden is deze Schrift in uw oren in vervulling gegaan" (Lukas 4:21). Daarmee gaf hij voor de Joden overduidelijk aan dat Hij de Messias was die het Jubeljaar kwam brengen. Tijdens Zijn hele bediening gebruikte Jezus beelden die ontleend waren aan het Jubeljaar, in het bijzonder schulden als metafoor van zonde (Mattheüs 18:23-34; Lukas 7:41-48). Wij vinden niet dat schulden en zonde bij elkaar horen, omdat lenen in onze cultuur niet zondig is. In het Hebreeuws wordt één van de woorden voor iemand die geldschulden heeft (*hajav*) echter ook gebruikt om iemand te beschrijven die schuldig is aan zonde. Schulden en zonde vereisen allebei compensatie, hetzij van het geleende geld, hetzij van het verlies dat het slachtoffer van de zonde heeft geleden.

Het goede nieuws is dat de Messias is gekomen is en de schulden (zonde) volledig heeft kwijtgescholden voor hen die zich bekeren en Zijn koninkrijk binnengaan. In het beeld van het Jubeljaar dat Jezus gebruikt, zien we de meest indrukwekkende verbeelding van Gods genade. Door het verlossingswerk van Jezus aan het kruis ontvangen zij, die deel krijgen aan Zijn koninkrijk, kwijtschelding van een schuld die ze niet kunnen betalen en een kans het leven opnieuw te beginnen.

Vragen bij hoofdstuk 20

1. Vroeger leenden mensen alleen in tijden van crisis en bittere armoede, als ze geen eten hadden of andere noodzakelijke dingen. Kun je met die kennis Exodus 22:25-27 en Mattheüs 5:42 beter begrijpen?
2. Deuteronomium 15:12-17 beschrijft iemand die zoveel schulden heeft bij een ander dat hij zich als slaaf aan die ander verkoopt. Na zes jaar wordt hij weer vrij, tenzij hij zo aan zijn meester gehecht is, dat hij voor de rest van zijn leven zijn dienstknecht wordt. Paulus noemt zichzelf vaak een slaaf of dienstknecht van Christus (zie Romeinen 1:1). Kun je met de begrippen schuld en verlossing door Christus deze woorden van Paulus verklaren?
3. Denk erover na hoe het zou voelen om diep in de schulden te zitten en hoe het voelt om een ernstige zonde te hebben begaan. In welk opzicht lijken deze gevoelens op elkaar en wat leren ze je over vergeving?
4. Schrijf een aantal 'schulden' op van zonden die anderen tegen jou hebben begaan en ook een aantal schulden van zonden die je zelf tegen God hebt begaan. Ben je bereid om de schulden van anderen kwijt te schelden, zodat daardoor ook je eigen schuld wordt uitgewist?

21. Dam

Bloed, een krachtige metafoor

*…want dit is Mijn bloed, het bloed van het nieuwe verbond,
dat voor velen vergoten wordt tot vergeving van zonden.* (Matteüs 26:28)

De hele Bijbel door is er een steeds terugkerend beeld dat voor moderne christenen iets geheimzinnigs heeft: bloed. Het is vooral relevant in het leven en de dood van Jezus Christus. Daarom is het voor ons belangrijk om te begrijpen welke ideeën de Joden over bloed hadden.

Men geloofde in de oudheid dat het bloed van een schepsel het leven zelf bevatte. De mens kon waarnemen dat een bloedend dier bewusteloos raakte en dat het daarna, als het genoeg bloed verloren had, stierf. Daaruit trok men de conclusie dat het leven van het dier samen met het bloed wegvloeide. God gebruikte dit cultureel bepaalde beeld door toe te staan dat Zijn volk verzoening van zonden zou ontvangen door het bloed van een dier. Dit bloed diende als plaatsvervanger voor het bloed van de schuldige mens: het leven van een dier voor het leven van een mens. In Leviticus 17 staat de uitleg: omdat bloed leven betekent, kan bloed dienen als verzoening voor de mens.

> *Want het leven van het vlees is in het bloed, en Ik heb dat Zelf voor u op het altaar gegeven om voor uw leven verzoening te doen. Want het is het bloed dat door middel van het leven verzoening bewerkt.* (Leviticus 17:11)

Er werd ook altijd bloed gebruikt om een verbond te bekrachtigen. Toen God een eerste verbond met Abraham sloot, ging God door een pad met aan weerszijden bloed (Genesis 15:17). Later, bij de berg Sinaï, werden de Israëlieten met bloed besprenkeld om het verbond daar te bezegelen (Exodus 24:8). Dit gebeurde omdat een verbond in de oudheid niet alleen een zakelijke overeenkomst was, maar meer leek op een huwelijkscontract waarmee de levens van twee partijen samengevoegd werden. Het bloed van het offerdier was een teken dat mensen hun leven samenvoegden en dat zouden toewijden aan het in stand houden van het verbond.

Hierdoor kunnen we iets van de bedoeling ontdekken in de woorden van Jezus bij het Laatste Avondmaal:

Hij nam ook de drinkbeker en nadat Hij gedankt had, gaf Hij hun die, en zei: Drink allen daaruit, want dit is Mijn bloed, het bloed *van het nieuwe verbond, dat voor velen vergoten wordt tot vergeving van zonden.* (Matthéüs 26:27-28)

Hier gebruikte Jezus het symbool van het bloed op twee manieren. Hij legde uit dat Zijn vergoten bloed aan het kruis een teken was. dat Hij Zijn leven in plaats van het onze zou geven, en ons daarmee verzoening voor onze zonden zou verlenen. De tweede betekenis was dat Zijn bloed een nieuw verbond tussen God en mens bekrachtigde, waarbij wij een relatie met God kunnen hebben als we persoonlijk deel hebben aan de verzoening in Christus. Iedere keer als we Avondmaal vieren, worden we eraan herinnerd dat we die liefdevolle omgang met God zijn binnengebracht dankzij het verbond dat met het bloed van Christus is verzegeld.

Vragen bij hoofdstuk 21

1. In Bijbelse tijden werd bij het sluiten van een verbond, nadat er een dier was geofferd en zijn bloed was gebruikt om het verbond te bezegelen, het vlees van het geofferde dier met een verbondsmaaltijd in vrede door de partijen gegeten. Vanaf dat moment waren alle grieven vergeven en werden ze nooit meer opgerakeld. Vergelijk dat met het Laatste Avondmaal in Matthéüs 26:26-28. Welke overeenkomsten zijn er?
2. In oude tijden geloofden mensen dat als een onschuldige werd vermoord, zijn bloed schreeuwt om gerechtigheid en wraak. In Genesis 4:10 staat dat het bloed van Abel van de aardbodem riep tot God. Lees Hebreeën 12:24 waar staat dat het bloed van Jezus krachtiger roept dan dat van Abel. Wat is het verschil tussen de betekenis van het bloed van Jezus en het bloed van anderen die onschuldig vermoord zijn?
3. Lees de woorden van Jezus in Johannes 6:53-54. Hoe helpt het begrijpen van de symboliek van bloed, leven en verbond om Zijn woorden te verhelderen?
4. De Bijbel zegt dat als we deel hebben aan het verbond, dat bezegeld is door het bloed van Christus, we nu Zijn leven in ons hebben. Hoe concreet heb je je leven zien veranderen doordat Christus in je leeft? Als je weinig verandering ziet, hoe kun je dan het leven van Christus meer het jouwe laten worden?

22. Pri

Aan de vrucht herkent men de boom

> *Vervloekt* (arur) *is de man die vertrouwt op een mens, en die een schepsel tot zijn arm stelt, terwijl zijn hart van de HEERE afwijkt. Hij zal zijn als een kale struik* (ar'ar) *in de vlakte, die het niet ziet wanneer het goede komt: hij verblijft op de droogste plekken in de woestijn, in zilt en onbewoond land. Gezegend is de man die op de HEERE vertrouwt, wiens vertrouwen de HEERE is. Hij zal zijn als een boom, die bij water geplant is, en die zijn wortels laat uitlopen bij een waterloop. Hij merkt het niet als er hitte komt, zijn blad blijft groen. Een jaar van droogte deert hem niet, en hij houdt niet op vrucht* (pri) *te dragen.* (Jeremia 17:5-8)

Na het lezen van dit gedeelte over de vervloekte boom en de gezegende boom hebben we al een voorstelling van hoe de gezegende boom er uit moet zien: dikke, groene bladeren, takken vol grote en weelderige vruchten, overvloedige groei ook al is alles er omheen droog.

Het opmerkelijke is echter dat deze prachtige boom in werkelijkheid de vervloekte boom is, waar Jeremia in dit vers over sprak.* Volgens Nogah Hareuveni, een Israëlisch deskundige op het gebied van Bijbelse planten, klinkt de Hebreeuwse naam van deze boom, *Ar'ar*, ongeveer hetzelfde als het Hebreeuwse woord *arur* dat vervloekt betekent; het is een woordspel dat centraal staat in dit poëtisch gedeelte. Waarom wordt deze boom vervloekt genoemd? Omdat, als een dorstige reiziger de boom nadert en hij plukt zijn vruchten die er erg aantrekkelijk uitzien, hij dan een vervelende verrassing krijgt. Als hij de vrucht openmaakt, is deze hol en leeg, met draden en een droge pit. De boom wordt de *vervloekte citroen* of de *Sodomsappel* genoemd, omdat deze groeit in de zoute woestijn dichtbij de plaats waar Sodom zich eens bevond. Toen God Sodom vernietigde, vervloekte Hij volgens de legende ook

---

* De Bijbelvertalers kozen verschillende oplossing voor het woord ar'ar. Men koos voor heide (SV en NB) of struik (NBV en WV) of zelfs voor kale struik (HSV). Maar in deze tekst gaat het niet om de bladeren maar om de vruchten: slechte vrucht tegenover goede vrucht.

de vrucht van deze boom. In werkelijkheid zijn de vruchten grote holle zaaddozen. Maar vroeger zag men ze als weerzinwekkend lege en waardeloze vruchten.

De *Ar'ar*-boom leek voor Jeremia heel gezond en mooi groen, alsof deze ondanks zware omstandigheden heel erg productief was geweest. Ondanks zijn welvarende uiterlijk had de boom echter gefaald in precies datgene waarvoor deze gemaakt was: het dragen van goede vruchten. Steeds weer gebruikt de Bijbel de beeltenis van vruchten om te laten zien hoe God ons beoordeelt (Mattheüs 7:17-18; Markus 11:13; Lukas 3:9).

Het probleem met de vruchten van de *Ar'ar* is dat er geen sap in zit. De boom zou leven gevend water moeten opzuigen uit de bodem, om dat vervolgens door te geven aan zijn vruchten, maar dat doet deze boom niet. Dit is een goede metafoor voor ons. Zoals deze boom in de woestijn, kunnen ook wij vertrouwen op onze eigen kracht om te overleven. Hoewel we door eigen inspanningen groot en rijk aan bladeren kunnen worden, kunnen we echter geen goede, zware, dikke vruchten produceren zonder het levend water van de Heilige Geest in onze harten. Als we onze wortels niet diep in de 'Rivier van Leven' hebben, zal zelfs het best uitziende fruit leeg en hol zijn.

Vragen bij hoofdstuk 22

1. Lees Jeremia 17:5-8 nog een keer. Denk na over de verschillen tussen iemand die zijn hart van de Heer afkeert en iemand die op God vertrouwt. Wat leert deze tekst ons over deze twee soorten mensen en wat zegt dit jou persoonlijk?
2. In Deuteronomium 29:17 (NBV) geeft God Zijn volk opdracht om er zorgvuldig op te letten dat er geen giftige kiem bij hen gaat groeien. Over welke zonde spreekt God hier en op welke manier zijn de gevolgen van deze zonde als een bittere, giftige vrucht?
3. Johannes de Doper zegt tegen zijn toehoorders: "Breng dan vruchten voort in overeenstemming met de bekering" (Lukas 3:8a). Lees Lukas 3:7-14 en leg uit wat hij met deze beeldspraak wil zeggen over de manier waarop zij moeten gaan leven.
4. De Schrift vergelijkt ons vaak met vruchtbomen en het doel van ons leven vaak met vrucht dragen. Wat is in jouw leven de 'vrucht' die je draagt voor God? Op welke manier wil je nog meer vrucht gaan dragen?

23. Kesjet

De boog neerleggen

Deze belofte doe Ik jullie: nooit weer zal alles wat leeft door het water van een vloed worden uitgeroeid, nooit weer zal er een zondvloed komen om de aarde te vernietigen….. Ik plaats mijn boog (kesjet) in de wolken; die zal het teken zijn van het verbond tussen mij en de aarde. (Genesis 9:11, 13 NBV)

Tegenwoordig is de ark van Noach één van de meest populaire thema's voor het versieren van kinderkamers. Wat is het toch ironisch dat het verhaal van de zondvloed absoluut het tegenovergestelde was van een lieflijk kinderverhaal! Het was het meest verschrikkelijke oordeel in de hele Bijbel. Alle mensen, behalve Noach en zijn familie, stierven in één grote hevige overstroming, omdat de mensheid zó verdorven was geworden, dat God er zelfs spijt van had dat Hij de mens had geschapen. In Genesis. 6:11 staat: 'Maar de aarde was verdorven voor Gods aangezicht en de aarde was vol met geweld.'

In eerste instantie kun je je moeilijk voorstellen wat mensen moeten doen om zo'n woede bij God op te wekken. Maar als we alleen al naar de afgelopen eeuw kijken en denken aan de dictators die zich schuldig maakten aan volkerenmoord, aan de concentratiekampen, de martelkamers en de massagraven waar de wereld mee bezaaid is, dan kunnen we zien dat mensen in staat zijn tot een wreedheid die elk voorstellingsvermogen te boven gaat. Bij de aanslagen op 11 september 2001 vroeg ieder van ons zich waarschijnlijk af waarom God geen einde maakt aan de haarden van kwaad die zoveel ellende op aarde veroorzaken. De besmetting met zonde is natuurlijk universeel. Als het oordeel zou beginnen, waar zou het dan eindigen?

Filosofen vragen zich af hoe God almachtig en volkomen goed kan zijn als Hij het kwaad niet wegvaagt. De boodschap van de zondvloed is echter dat zelfs de meest volledige vernietiging van degenen die kwaad doen, geen einde zal maken aan de aanwezigheid van het kwaad in het hart van de mens. Voorafgaand aan de zondvloed was God zo diep gekrenkt door de zonden van de mensen, dat Hij hen van de aarde wilde wegvagen. Na de zondvloed had Hij zich er echter bij neergelegd dat de mensheid altijd slecht zou blijven, en toch beloofde Hij nooit weer de hele mensheid te zullen vernietigen.

> *Nooit weer zal Ik de aarde vervloeken vanwege de mens, want alles wat de mens uitdenkt, van zijn jeugd af aan, is nu eenmaal slecht. Nooit weer zal Ik alles wat leeft doden, zoals Ik nu heb gedaan.* (Genesis 8:21b NBV)

Het teken van de regenboog is een diepzinnige boodschap voor ons als je het in dit licht bekijkt. Het Hebreeuwse woord voor regenboog (*kesjet*) wordt in de rest van de Schrift ook gebruikt voor een boog waar je pijlen mee kunt afschieten. Het was een aanduiding voor een gevechtswapen. Het verbondsteken van de regenboog zegt ons dat God Zijn boog, Zijn wapen, neergelegd heeft. Hij heeft beloofd het oordeel van de zondvloed niet te herhalen, zelfs niet als de mensheid onveranderd blijft. Omdat mensen zo kostbaar voor Hem zijn, heeft Hij gezworen om een ander antwoord op het probleem van de zonde te vinden in plaats van het universele oordeel dat menselijk gezien de voor de hand liggende oplossing is.

Zelfs in dit eerste verbond in het begin van de Bijbel, kunnen we Gods ultieme plan al zien: genade in plaats van bestraffing van de zonde. Hij zou dit uiteindelijk tot voltooiing brengen in Christus, die een blijvend verbond van vrede met God tot stand heeft gebracht door Zijn verzoenend bloed. Dit verbond is de definitieve oplossing voor het afschuwelijke menselijke probleem van zonde, kwaad en dood.

Vragen bij hoofdstuk 23

1. Lees Genesis 4:24. Wat was Lamech voor een man en op welke manier leek hij op de generatie van de zondvloed (Genesis 6:5)? Welke belangrijke gebeurtenis vond vlak na de zondvloed plaats (Genesis 11:1-9)? Wat laat dat zien over de invloed van de zondvloed op het gedrag van de mensheid?
2. Het verbond met als teken de regenboog (Genesis 9:8-17) was het eerste van verschillende verbonden die uitmondden in het verbond van Christus om ons van de zonde te verlossen. Hoe past dit verbond van de regenboog in het ultieme plan van God om ons van onze zonden te redden?
3. Lees 2 Petrus 3:4-9. Wat is, volgens Petrus, de reden dat Christus nog niet terugkomt om de aarde te oordelen?
4. Bid je voor een spoedige wederkomst van de Heer, of bid je dat Hij nog zal wachten met Zijn terugkomst om te oordelen, om zondaren meer tijd te geven om zich te bekeren? Wat is volgens jou het beste?

IV

Kleurrijke woorden

Hebreeuwse woorden drukken levendige beelden uit die
ons nieuwe dingen leren.
Daar gaan we een paar van bekijken.

De hogepriester Aäron in zijn voorgeschreven kleding (pentekening Lilien)

24. Tzelem Elohiem

Naar Gods beeld

En God zei: Laten Wij mensen maken naar Ons beeld, naar Onze gelijkenis;
en laten zij heersen over de vissen van de zee, over de vogels in de lucht, over het vee,
over heel de aarde… (Genesis 1:26)

Wat betekent het dat er gezegd wordt dat we geschapen zijn naar Gods beeld? De uitdrukking zal meerdere betekenissen gehad hebben voor de eerste mensen die dit hoorden. In oude tijden werd vaak van koningen gezegd dat zij 'beelden' van de goden waren. Dat betekende dat zij door de goden waren aangewezen om als afgevaardigden van hen op aarde te regeren. De tekst hierboven uit Genesis drukt eveneens uit dat wij de zaakwaarnemers van God op aarde zijn en dat we moeten regeren over en zorgen voor Gods schepping.

De uitdrukking kon ook zo begrepen worden dat de 'beelden' van de goden hen fysiek vertegenwoordigden, zoals de zon, of een dier, of een afgodsbeeld. Dat verklaart waarom we geen afgodsbeelden of fysieke afbeeldingen van God mogen maken, want Zijn beeld kun je in de mensheid zelf zien. Dat wordt later steeds begrijpelijker, als God zichzelf in de schepping laat zien, door in Christus het lichaam van een mens aan te nemen – het meest duidelijke beeld van de onzichtbare God (Kolossenzen 1:15).

Het besef dat de hele mensheid geschapen is naar Gods beeld, heeft ingrijpende gevolgen. Het betekent dat geen enkel mens zó slecht is dat hij in Gods ogen waardeloos is. Als wij de neiging hebben om iemand te verachten, moeten we bedenken dat ook die mens gemaakt is naar Gods beeld. Omdat wij naar Gods beeld geschapen zijn, is het een diepe belediging voor God als we een ander mens misbruiken of doden (Gen. 9:6). En als wij op iemand neerkijken, tonen we dat wij denken dat we in Gods ogen belangrijker zijn dan die ander, terwijl we in Zijn ogen allemaal kostbaar zijn.

De rabbi's vergeleken mensen die geschapen zijn naar Gods beeld vaak met standbeelden en munten met de beeltenis van aardse koningen. Een rabbi zei: "Een koning slaat duizend munten met zijn afbeelding en die zijn allemaal hetzelfde. Maar de Heer schept ontelbaar veel mensen die Zijn beeld dragen, en toch zijn ze allemaal verschillend!" Dat is de oneindige glorie van God.

Er is een hedendaagse geleerde die stelt dat Jezus dit contrast gebruikte toen Hij reageerde op een vraag die gesteld werd door mensen die probeerden Hem op een fout te betrappen. Ze vroegen Hem of mensen wel of geen belasting aan de keizer moesten betalen. Jezus verzocht hen om een munt te laten zien en vroeg wiens beeltenis erop stond. "Die van de keizer," antwoordden ze. Daarop zei Jezus: "Geef dan aan de keizer wat van de keizer is en aan God wat van God is" (Lukas 20:21-25).

Jezus legt hier een diepgaande verklaring af, die we misschien missen als we zijn manier van denken niet begrijpen. Zijn boodschap is dat de munten aan de keizer toebehoren, omdat de keizer zijn afbeelding erin liet slaan; God schiep de mensheid en drukte Zijn beeltenis op ons, daarom zijn wij eigendom van God! Jezus omzeilde op een briljante manier de valkuil van de vraagstellers terwijl Hij op hetzelfde moment een oproep tot levensheiliging deed. Omdat God onze Schepper is, danken we ons hele bestaan aan Hem en daarom moeten we ons leven teruggeven door Hem te dienen.

Vragen bij hoofdstuk 24

1. Lees Genesis 1:26-28; daar vind je de beschrijving van een koning die heerst als Gods afgevaardigde en die Gods 'beeld' op aarde wordt genoemd. Hoe moeten wij volgens deze tekst namens God heersen? Hoe beïnvloedt het door Christus kennen van Gods karakter de manier waarop we God behoren te vertegenwoordigen?
2. Lees Deuteronomium 4:15-18, waarin het wordt verboden om een beeld te maken als weergave van God. Op welke manier is het een belediging voor God om als een beeld van steen of hout te worden weergegeven? (Zie ook hoofdstuk 12 van dit boek over afgoderij.)
3. Lees Jakobus 3:9-10 over het zegenen van God en het vervloeken van mensen. Hoe gebruikt Jakobus het inzicht dat mensen Gods evenbeeld zijn om zijn boodschap over te brengen?
4. In Kolossenzen 1:15 wordt Jezus 'beeld van de onzichtbare God' genoemd. We weten dat Gods karakter ten diepste dat van Jezus Christus is: een karakter van liefde, nederigheid en zelfopoffering. Zoek een tekstgedeelte in het Oude Testament, waarin het lijkt alsof God niet liefdevol is. Hoe vat je deze tekst nu op met het inzicht dat Christus het beeld van de onzichtbare God is?

25. Ba'asj

Zorg dat je niet stinkt!

Een kostbare zalf bederft al door één dode vlieg, een beetje dwaasheid maakt de beste wijsheid ranzig. (Prediker 10:1 NBV)

De Hebreeuwse taal is erg levendig en poëtisch, omdat het fysieke beeldspraak gebruikt in plaats van abstracte woorden om begrippen te beschrijven. In plaats van iemand vrijgevig te noemen, wordt gezegd dat hij of zij een open hand heeft. Iemand die koppig is noemt men een mens met een stijve nek. Dat beeld komt van de os die zijn nek kromt om zich te verzetten tegen het juk dat hem wordt opgelegd.

Een interessant voorbeeld van deze fysieke beeldspraak is het woord *ba'asj* (uitgesproken als *ba-ASJ*), wat stinken betekent, een stinkende geur afgeven. Dit woord werd gebruikt om de Nijl te beschrijven, nadat de vissen waren doodgegaan doordat de rivier in bloed was veranderd (Exodus 7:21). De Israëlieten gebruikten datzelfde woord toen ze kwaad waren op Mozes, nadat de farao hun arbeid verzwaard had. Letterlijk zeiden ze tegen Mozes:

> *Moge de HERE op u toezien en moge Hij oordelen, omdat u ons in een kwade reuk gebracht hebt bij de farao en bij zijn dienaren, door hun een zwaard in handen te geven om ons te doden.* (Exodus 5:21)

Vaak wordt het woord *ba'asj* gebruikt door iemand die een ander veracht omdat die iets weerzinwekkends heeft gedaan. Al in de oudheid merkten de mensen dat we sterk reageren op zowel aangename als vieze geuren en ze gebruikten dit om het verschil te beschrijven tussen prijzenswaardig en aantrekkelijk tegenover weerzinwekkend. Het is interessant dat Paulus, in het Nieuwe Testament, deze beeldspraak ook gebruikt:

> *En God zij dank, Die ons in Christus altijd doet triomferen en door ons de geur van Zijn kennis op iedere plaats openbaar maakt. Want wij zijn voor God een aangename geur van Christus, onder hen die zalig worden en onder hen die verloren gaan;*

voor de laatsten een doodsgeur, die leidt tot de dood, maar voor de eersten een levensgeur, die leidt tot het leven. (2 Korinthe 2:14-16a)

Deze tekst beschrijft hoe het leven voor volgelingen van Jezus er uitziet: wij 'ruiken' zoals Christus en mensen kunnen positief of negatief op ons reageren, afhankelijk van hoe we 'ruiken'. Hoe meer de liefde voor Christus zichtbaar wordt bij christenen, hoe meer hun gedrag door onvolwassen christenen en niet-gelovigen meestal als veroordelend en irritant gezien wordt. Dit is iets wat we moeten aanvaarden wanneer de wereld niet altijd vriendelijk tegen ons is.

Aan de andere kant, net zoals wij naar Christus ruiken, zo ruikt Christus naar ons! Als we anderen onbeschoft behandelen of oneerlijk zijn bij het zakendoen, is dit voor mensen die Christus niet kennen, een krachtig bewijs *tegen* Hem. We moeten er altijd aan denken dat onze woorden en daden een geur zijn die zich door de wereld verspreidt. Mogen die een geur ten leven zijn voor anderen!

Vragen bij hoofdstuk 25

1. Lees Prediker 10:1. Als je weet dat parfum verschrikkelijk duur is en dat een vlieg maar een kleine verontreiniging lijkt, wat leren we daar dan uit?
2. Lees Spreuken 13:5, waar staat dat de rechtvaardige de leugen haat, maar de goddeloze *ba'asj* (stinkend) is en schandelijk handelt. Waarom is goddeloosheid zó weerzinwekkend dat het vergeleken wordt met stank?
3. Lees Psalm 45:8-9 over koning David en Hooglied 3:6-7 over koning Salomo. Waar werden koningen in oude tijden mee geassocieerd? Wat leer je daaruit als je Mattheüs 2:11 en Johannes 12:3 leest?
4. Ken je iemand of weet je een bekend persoon, die Christus in een kwade reuk doet staan? Of juist iemand die Christus heerlijk laat ruiken? Wat zijn dat voor mensen?

26. Me'odecha

Met al je krachten

*Heb daarom de HEER, uw God, lief met hart en ziel
en met inzet van al uw krachten.* (Deuteronomium 6:5 NBV)

"Er zijn een paar Hebreeuwse woorden die niemand zou moeten proberen te vertalen," zei mijn leraar Hebreeuws. Soms is de betekenis zo rijk dat ze hun betekenis grotendeels verliezen als ze in een of twee specifieke termen worden vertaald. Dat is het geval met het woord *me'odecha* (uitgesproken als MEE-o-de-cha).

In het tweede gedeelte van het Sjema (Deuteronomium 6:5) staat: 'Heb daarom de HEER, uw God, lief met hart en ziel en met inzet van al uw *me'odecha*'. Letterlijk bedoelt de tekst: met al uw veel of veelheid. Maar dat klinkt raar, zelfs in het Hebreeuws. In de Bijbelse woordenlijst betekent het woord: buitengewoon, veel, kracht, overvloed, en meestal wordt het vertaald met kracht of macht.
Maar wat is dan 'met al je *me'odecha*'? Een paar jaar geleden daagde een leraar uit mijn omgeving de mensen uit met zijn stelling: "Als je lichaam slap is, is je geloof waarschijnlijk ook slap." Ik nam de uitdaging aan om mijn slappe lichaam sterker te maken, omdat ik me ging voorbereiden om een tijdje in Israel te gaan wonen. Ik had gehoord hoe moeilijk het daar is; alle wegen lijken bergopwaarts te gaan. Tijdens deze voorbereidingen leerde ik veel, maar het belangrijkste wat ik leerde was de betekenis van het woord *me'odecha*. Als je ooit een zwaar fitnessprogramma in de sportschool hebt gedaan, dan ken je de uitdaging om dat gewicht nóg een keer op te tillen of om nóg meer gewicht te heffen. Het resultaat kan zijn dat de tranen je in de ogen springen. Met dit soort overbelasting, waarbij je alles geeft wat je in je hebt, ervaar je de betekenis van het woord *me'odecha*. Sommige mensen omschrijven het als geestdrift. Maar het betekent zoveel meer! In het boek Hebreeën staat

Een vermaning lijkt op het moment zelf geen vreugde te brengen, slechts verdriet. ... Hef daarom uw slappe handen op, strek uw knikkende knieën. (Hebreeën 12:11a-12 NBV)

Neem dus de uitdaging aan en heb de HEER lief met al je *me'odecha*!

Vragen bij hoofdstuk 26

1. Het woord me'odecha komt alleen voor in Deuteronomium 6:5, in de belangrijke woorden van het Sjema en op één andere plaats: 2 Koningen 23:25. Als dit unieke woord gebruikt wordt om te verwijzen naar de tekst van het Sjema, wat zegt dit dan over koning Josia?
2. Het woord me'odecha betekent letterlijk: met al uw *veel*. Dit woord is alleen in de twee bovenstaande teksten op deze poëtische manier gebruikt. Welke hedendaagse uitdrukkingen in onze taal geven dezelfde gedachte weer?
3. Sommige rabbi's hebben uitgelegd dat me'odecha 'al je groei' betekent, dat wil zeggen: alles wat je in de loop van je leven hebt verworven, zoals rijkdom, bezittingen en ook kinderen en familie. Hoe kun je de Heer je God met dit alles liefhebben?
4. Bij welke ervaring of taak in je leven was het nodig dat je al je me'odecha gaf? Wat leer je hierdoor over de betekenis van me'odecha, als je terugdenkt aan de moeite die je daarvoor hebt moeten doen?

27. Levav

Hart en Verstand

*Heb daarom de HEER, uw God, lief met hart en ziel
en met inzet van al uw krachten.* (Deuteronomium 6:5 NBV)

In het Hebreeuws is het hart (*lev* of *levav*) het middelpunt van het menselijk denken en geestelijk leven. We hebben de neiging om te denken dat het hart vooral naar onze emoties verwijst, maar in het Hebreeuws verwijst het ook naar het verstand en het denken.

Veel oude culturen veronderstelden dat het verstand in het hart zat en zonder veel kennis van hoe een lichaam werkt, is dat verklaarbaar. Het hart is het enige continu bewegende orgaan in het lichaam en sterke emoties laten de hartslag sneller gaan. Als je hart stopt met kloppen, dan sterf je. Omdat het Hebreeuws fysieke zaken gebruikt om abstracte denkbeelden uit te drukken, werd het hart een metafoor voor het verstand en alle gedachten en gevoelens. Er worden ook nog andere interessante fysieke begrippen gebruikt in de Schrift. Waar wij 'binnenste' lezen, staat soms een Hebreeuws woord dat eigenlijk nieren betekent (Spreuken 23:16 NBG); en men had de opvatting dat het leven in het bloed zat (Genesis 9:4) (zie hoofdstuk 21).

Het inzicht dat het woord hart vaak verstand en gedachten betekende, helpt om de betekenis van bepaalde teksten te verduidelijken. Bijvoorbeeld:

Deze woorden, die ik u heden gebied, moeten in uw hart zijn. (Deuteronomium 6:6) (Dit betekent: Deze woorden moeten deel uitmaken van al uw gedachten.)

En God gaf Salomo wijsheid en zeer veel verstand, en een wijd begrip des harten, gelijk zand, dat aan den oever der zee is. (1 Koningen 4:29 SV) (Een 'wijd begrip des harten' wordt in de HSV vertaald als 'een groot verstand')

Nog een les die we kunnen leren over de betekenis van het hart komt uit het grote gebod: 'U zult de Heere, uw God, liefhebben met heel uw hart, met heel uw ziel en met heel uw verstand' (Mattheüs 22:37). Dit betekent dat we, naast onze emoties, ook heel ons verstand moeten gebruiken om de Heer lief te hebben. In de Griekse tekst van de evangeliën zijn, om dat feit te benadrukken, de woorden 'en met heel uw verstand' toegevoegd aan het citaat uit Deuteronomium 6:5; in het Hebreeuws zou dit vanzelfsprekend zijn geweest.

In het algemeen zijn we in de westerse cultuur geneigd om intellect en emoties te scheiden en we denken dat studie minder belangrijk is voor onze relatie met God dan aanbidding en gebed. Daarentegen werd in de tijd van Jezus studie beschouwd als de hoogste vorm van aanbidding! Er werd veel belang gehecht aan levenslange studie. Jezus en Paulus waren beiden zeer goed ontwikkelde leraren die er van uitgingen dat hun Joodse toehoorders de Schriften goed kenden. Wij worden uitgedaagd om hun verwachtingen waar te maken.
Hoewel God zeker houdt van de meest eenvoudige gelovigen, zouden we al onze verstandelijke vermogens aan Hem moeten wijden, als we Hem willen liefhebben met heel ons levav ofwel heel ons hart en verstand. Zoals Paulus zegt: "… we maken iedere gedachte krijgsgevangene om haar aan Christus te onderwerpen" (2 Korinthe 10:5b NBV).

Vragen bij hoofdstuk 27

1. In Spreuken 6:32 (NBV) staat "Maar pleeg je overspel, dan heb je geen verstand, wie zoiets doet richt zichzelf te gronde." Het woord levav is hier vertaald met verstand in plaats van hart. Lees deze tekst in verschillende vertalingen en leg uit hoe het woord voor hart daarin vertaald is. Hoe vergroot dit je begrip van het woord hart?
2. Lees 2 Korinthe 10:5 waar Paulus spreekt over het gevangen nemen van elke gedachte. Waarover gaat deze strijd? Lees nog een keer hoofdstuk 2 'Kennis van God'. Welk verband is er met deze woorden van Paulus?
3. Lees Lukas 6:45. Als je hart opvat als gevoel en gedachten, hoe verheldert en vergroot dat de toepassing van deze tekst in ons leven?
4. Vind je dat Bijbelstudie een vorm van aanbidding is? Doe je aan Bijbelstudie om ook daarmee God lief te hebben? Welke concrete manieren zijn er om God meer met je verstand lief te hebben?

28. Beresjiet

Begin

In het begin schiep God de hemel en de aarde. (Genesis 1:1)

In het Hebreeuws heet het boek Genesis *Beresjiet* (uitspraak Beré-SJIET); dat is ook het eerste woord van dit boek. In onze Bijbels wordt dat vertaald met *in het begin*. Er bestaat een interessante Joodse kijk op de eerste letter van dit woord, de Hebreeuwse letter *bet*. De letter *bet* is hetzelfde als onze letter B. Het is de tweede letter van het Hebreeuwse alfabet.

De geleerden vroegen zich af: waarom begint de Schrift met de tweede letter van het alfabet en niet met de eerste? Hun wijze antwoord was: om te laten zien dat de Schrift niet op elke vraag een antwoord geeft. Niet alle kennis kan door de mens begrepen worden; er is een deel dat alleen voor God bestemd is.
Deze geleerden legden uit dat de letter bet rechts gesloten is, maar open aan de linkerkant. Omdat het Hebreeuws van rechts naar links wordt geschreven, zagen ze het zo dat de Schrift begint met een letter die open is in de leesrichting, maar gesloten is in de richting van het begin van de tekst. Het is alsof er een eenrichtingsbord staat, dat zegt dat we hier moeten beginnen en dan vooruit moeten gaan door de Schrift.

De betekenis hiervan is niet om studie en vragenstellen te ontmoedigen, maar om te weten dat God ervoor gekozen dat sommige dingen voor de mens een mysterie blijven. Zelfs in dit allereerste vers van de Bijbel wordt er geen poging gedaan de vraag te beantwoorden waar God zelf vandaan komt. Heidense scheppingsverhalen beginnen altijd te vertellen hoe de goden zelf tot leven gewekt werden, omdat men voelde dat die vraag beantwoord moest worden. Maar God geeft in Zijn majesteit niet overal antwoord op, net zoals Hij aan Job niet altijd een antwoord gaf op al zijn vragen.

Vaak veroorzaken we schade als we trachten kennis te verkrijgen van wat voor de mens verborgen is. Sommige mensen zeggen dat ze weten waarom anderen moeten lijden of waarom hun gebeden niet beantwoord worden. Ze ontmoedigen vrienden die te lijden hebben door hen op een verkeerde manier te beschuldigen van zonde of gebrek aan geloof, zoals de vrienden van Job deden.

Ook kan het gebeuren dat we door ons verlangen om de bedoeling van God te begrijpen, de openbaringen in Zijn Woord ondermijnen. Veel mensen denken er bijvoorbeeld over na dat God de toekomst in Zijn hand heeft. Ze concluderen dat als God alles voorziet en onveranderlijk is, er geen reden is om te bidden. Dat geven ze dus op. Maar Jezus zegt duidelijk dat we altijd moeten bidden en nooit moeten opgeven! (Lukas 18:1). Onze eigen logische redenatie kan ons tot een verkeerde conclusie leiden. Het is wijzer om toe te geven dat we niet de diepten van Gods bedoeling kunnen weten en komen dan tot de conclusie dat als Jezus ons zegt dat we moeten bidden, onze gebeden wel waardevol en effectief zijn.

Het Griekse intellectualisme heeft ons denken sterk beïnvloed, christenen hebben daardoor de neiging te denken dat we in staat zijn om alles wat we aan God kunnen vragen ook te begrijpen. Maar, net zoals Mozes niet in leven zou kunnen blijven als hij God in Zijn volle glorie zou zien, zo zouden ook wij overweldigd worden door de almacht van Gods gedachten. We vergeten dat God alles ontwierp, van neutronen tot zonnestelsels, en dat wij slechts stofjes zijn in vergelijking tot Zijn grootsheid. Het is wijs om alleen maar nederig te kunnen zeggen: "Ik weet het niet" en het God alleen te laten weten.

Vragen bij hoofdstuk 28

1. Lees 1 Korinthe 1:20-25 en 2:11-14. Wat is de dwaasheid van God en hoe onthult God Zijn waarheid aan ons? Bedenk een paar voorbeelden in de Bijbel van daden van God die onze menselijke logica verrassen.
2. Lees nog een keer hoofdstuk 2 over da'at Elohiem – Kennis van God. Hoe verhoudt dit soort kennis zich tot de wens om feitelijke kennis dingen te krijgen over dingen?
3. Vergelijk de uitspraken van Job over God in Job 23:1-9 en 28:20-28, met die van Jobs vriend Elihu in Job 34:1-37. Wie beweerde meer van Gods wegen te begrijpen, Job of Elihu? Lees Job 42:7-9. Wie heeft volgens God juist over Hem gesproken en op wie is Hij woedend? Wat kunnen we hiervan leren?
4. Lees Jesaja 55-9. Welk gevoel krijg je als je teksten leest waarin staat dat mensen Gods gedachten niet kunnen begrijpen? Hoe heb je in het verleden over God gedacht en wat bleek door je eigen ervaring niet waar te zijn?

29. Makor

Op zoek naar de bron

De vreze des HEEREN is een bron van leven (Spreuken 14:27a)

Het Hebreeuwse woord *makor* betekent bron, fontein, of oorsprong. Toen ik Hebreeuws begon te leren, klonk dit woord erg vertrouwd. Ik wist dat ik het eerder had gebruikt of gelezen. Het staat in het bekende boek *De bron* van James Michener. Dit boek speelt zich af op een fictieve locatie, genaamd *Tel Makor*. Een *tel* is een heuvel die is ontstaan doordat er eeuwenlang een stad steeds weer opnieuw op diezelfde plek is herbouwd.

De bron is de rode draad in het verhaal over de archeologische opgravingen op deze heuvel met een waterbron en daarom de naam Tel Makor kreeg. In Micheners geheel eigen stijl wordt in het verhaal uitgelegd -terwijl er vondsten uit elke tijdsperiode worden ontdekt- hoe deze in die specifieke laag terecht zijn gekomen. Ik vond het een grote woordspeling van het woord makor, omdat er zoveel verwijzingen waren naar de rijke betekenis ervan. Wat heeft een *tel* te maken met het woord bron? Een bron van vers water is noodzakelijk voor alle beschavingen; dus waar een tel is, daar is een waterbron.

Het is interessant dat de Bijbel God veelvuldig presenteert als de makor van levend water (zie voor levend water hoofdstuk 16), vaak verbeeld als stromend vanuit Jeruzalem:

Want Mijn volk heeft een dubbel kwaad gedaan:
Mij, de bron (makor) *van levend water,*
hebben zij verlaten,
om zich bakken uit te hakken,
lekkende bakken,
die geen water houden. (Jeremia 2:13)

Hoe kostbaar is Uw goedertierenheid, o God!
(...)
U laat hen drinken uit Uw beek vol verrukkelijke gaven.
Want bij U is de bron (makor) *van het leven;*
in Uw licht zien wij het licht. (Psalm 36:8-10)

De beekjes van de rivier verblijden de stad van God,
het heiligdom, de woningen van de Allerhoogste.
God is in haar midden, zij zal niet wankelen;
God zal haar helpen bij het aanbreken van de morgen. (Psalm 46:5-6)

En we zullen uiteindelijk de bron vinden bij Gods troon in de hemel!

De engel liet me een rivier zien met water dat leven geeft. De rivier was helder als kristal en ontsprong aan de troon van God en van het lam. In het midden van het plein van de stad en aan weerskanten van de rivier stond een levensboom, die twaalf vruchten gaf, elke maand zijn eigen vrucht. De bladeren van de boom brachten de volken genezing. (Openbaring 22:1-2 NBV)

Vragen bij hoofdstuk 29

1. Lees Spreuken 10:11, 13:14 en 16:22 die het allemaal hebben over een bron van leven (*makor chajiem*). Welke thema's hebben ze allemaal en wat kunnen we er van leren?
2. Spreuken 10:11 heeft het over de mond als een bron (*makor*) en Jakobus gebruikt dit beeld ook in Jakobus 3:10-12. Hoe gebruikt hij dit beeld om duidelijk te maken hoe we spreken? Wat kunnen we hier van leren?
3. Lees Zacharia 12:10-13:1, een profetie over berouw dat in de toekomst plaats zal vinden, als de inwoners van Jeruzalem "Mij aanschouwen, Die zij doorstoken hebben. Zij zullen over Hem rouw bedrijven, als met de rouwklacht over een enig kind...". In vers 13:1 staat dat er een bron (*makor*) geopend zal worden. Waarvoor dient deze bron en wat is de geestelijke oorsprong daarvan?
4. Is jouw mond een bron van leven? Is wat er uitkomt wijs en vriendelijk? Op welke manier kun je dat wat over je lippen komt, verbeteren?

30. Kanafiem

Beschermende vleugels

Hoe kostbaar is Uw goedertierenheid, o God! Daarom nemen de mensenkinderen de toevlucht onder de schaduw van Uw vleugels. (Psalm 36:8)

Vaak lezen we in de Bijbel verwijzingen naar fysieke eigenschappen van God. We lezen over de arm van de Heer en we bidden dat Zijn aangezicht over ons zal lichten. Het is belangrijk om te begrijpen dat de Israëlieten niet dachten dat God letterlijk een fysiek lichaam had. Ze gebruikten fysieke beeldspraak om denkbeelden over de aard van God uit te drukken omdat de Hebreeuwse taal niet veel abstracte begrippen heeft.

Een mooie beschrijving van het beschermende karakter van God wordt uitgedrukt door het beeld 'toevlucht nemen onder de schaduw van Gods vleugels' dat we vaak in de Psalmen zien:

Wees mij genadig, o God, wees mij genadig, want mijn ziel heeft tot U de toevlucht genomen; ik neem mijn toevlucht onder de schaduw van Uw vleugels, totdat de rampen voorbij zijn gegaan. (Psalm 57:2)

Ik zal in alle eeuwigheid in Uw tent verblijven, mijn toevlucht zoeken in de schuilplaats onder Uw vleugels. (Psalm 61:5)

Voorzeker, U bent een Helper voor mij geweest; onder de schaduw van Uw vleugels zal ik vrolijk zingen. (Psalm 63:8)

Dit prachtige beeld komt van adelaars en andere vogels, die hun vleugels uitspreiden over hun nest om hun jongen te beschermen tegen zon, regen en roofdieren. Het is bekend dat vogels hun jongen koste wat kost beschermen en zelfs hun eigen leven opofferen om hen te redden. We kunnen dit beeld van Gods krachtige liefde zien in het volgende verhaal van Sundar Singh, een evangelist uit India die aan het begin van de vorige eeuw werkte:

Op een keer, terwijl ik door de Himalaya reisde, was er een grote bosbrand. Iedereen probeerde uit alle macht de brand te bestrijden, maar ik merkte een groep mannen op die stil stonden en omhoog keken naar een boom, die op het punt stond in vlammen op te gaan. Toen ik hun vroeg waar ze naar stonden te kijken, wezen ze omhoog naar een nest met jonge vogels. Daarboven was de moedervogel wild en luid krijsend aan het rondvliegen om haar jongen te waarschuwen. Er was niets dat zij of wij konden doen en al snel begonnen de vlammen langs de takken omhoog te klimmen. Toen het nest vlam vatte, waren we allemaal verbaasd toen we zagen hoe de moedervogel reageerde. In plaats van weg te vliegen van de vlammen, vloog ze naar beneden en ging op het nest zitten, terwijl ze haar kleintjes bedekte met haar vleugels. Een moment later waren zij en haar nest jongen tot as verbrand. Niemand van ons kon zijn ogen geloven. Ik draaide me om naar de omstanders en zei: "We zijn getuige geweest van iets dat echt wonderbaarlijk was. God heeft die vogel met zoveel liefde en toewijding geschapen, dat ze haar leven gaf in haar poging om haar jongen te beschermen. Als haar kleine hart al zo vol liefde was, hoe onpeilbaar groot moet dan de liefde van haar Schepper zijn. Dat is de liefde die Hem ertoe bracht vanuit de hemel af te dalen om mens te worden. Dat is de liefde die Hem ertoe bracht een pijnlijke dood te sterven ter wille van ons."

Vragen bij hoofdstuk 30

1. Het woord *kanaf* kan naar de vleugel van een vogel of naar de hoek (slip, zoom) van een kledingstuk verwijzen. In het boek Ruth wordt het woord kanaf twee keer gebruikt met een poëtisch verband tussen beide gedeelten. Lees Ruth 2:12 en 3:9 en houd dit daarbij in gedachten. (In de HSV staat in Ruth 3:9 nog de letterlijke vertaling van het woord kanaf). Wat willen deze teksten zeggen?
2. Lees Jesaja 31:5 en Lukas 13:34 en de passages waar deze teksten in staan. Hoe verwijst Jezus met Zijn woorden in Lukas naar Jesaja 31 en wat wil Hij hiermee aan Zijn toehoorders duidelijk maken?
3. Lees Maleachi 4:2 (in sommige vertalingen 3:20) over 'de Zon der gerechtigheid met genezing onder Zijn vleugels.' Dit is een messiaans gedeelte en bijbelwetenschappers denken dat de mensen in de evangeliën, die de kwastjes aan de zoom (kanaf) van Jezus' kleding vastgrepen, aan dit vers dachten. Dit wordt verteld in Mattheüs 14:36, Markus 6:56 en Lukas 8:44. Waarom dachten ze hierbij aan deze tekst uit Maleachi?
4. Heb je ooit een crisis meegemaakt waarin je de bescherming van de schuilplaats onder Gods vleugels (Psalm 61:5) hebt ervaren? Hoe voelde dat?

V

Het belang van familiebanden

De wereld van de Bijbel verschilt heel erg van de onze.
De opvattingen over wat belangrijk was of succes waren anders;
alles had betrekking op het familieverband.
Als we de betekenis van familiebanden in de oudheid begrijpen
en zien hoe die de kern van het Bijbelse verhaal vormen,
zal dit ons helpen om de boodschap van de Schrift te verstaan.

Jakob moest naar zijn familie in Haran om een vrouw te vinden (pentekening Lilien)

31. Toledot

Waarom al die geslachtsregisters?

Dit is wat uit de hemel en de aarde voortkwam, [letterlijk: Dit zijn de afstammelingen van de hemel en de aarde] *toen zij geschapen werden. Op de dag dat de HEERE God aarde en hemel maakte.* (Genesis 2:4)

Het lijkt of de Bijbel vol staat met 'afstammelingen' – lange opsommingen van familiegeslachten die je doen geeuwen. Wij zien het belang daarvan niet meer, omdat wij in een westerse cultuur leven die op het individu gericht is en op wat je persoonlijk bereikt hebt, veel meer dan de afstammingslijn van je familie.

Voor Bijbelstudie is het heel goed om te weten dat in die cultuur iemands identiteit bijna volledig bepaald werd door zijn familie en afstamming. Een uitleg van de verwantschappen tussen families was erg belangrijk om te kunnen begrijpen hoe de samenleving als geheel functioneerde. Daarom staat Genesis vol met geslachtsregisters en verhalen over de aartsvaders. In die cultuur was ieders persoonlijke verhaal verweven met zijn familie.

Genesis kan verdeeld worden in tien onderdelen* die allemaal beginnen met de woorden: 'Dit zijn de afstammelingen (*toledot*)...', waarna een geslachtsregister volgt. Het woord toledot is verwant aan jalad, dat voortbrengen of verwekken betekent. Iedereen die in Genesis genoemd wordt, maakt deel uit van het verhaal van 'verwekkingen, afstammelingen'. Dit was zó belangrijk voor de hoorders in oude tijden dat zelfs de hemel en aarde 'afstammelingen' hebben! (Genesis 2:4, zie toelichting in de HSV)

Familiegeschiedenissen zijn nog steeds belangrijk in de meeste traditionele en niet-westerse culturen, zelfs nu nog. In de Filippijnen werd in een vertaling van het

---

* Noot van de vertalers: dit betreft Genesis 2:4; 5:1; 6:9; 10:1; 11:10; 11:27; 25:12; 25:19; 36:1 en 37:2.

Nieuwe Testament bijvoorbeeld het geslachtsregister van Jezus in Mattheüs niet opgenomen, omdat de Amerikaanse vertalers van mening waren dat dat niet belangrijk was. Toen er een andere vertaling uitkwam waar het geslachtsregister van Jezus wél in opgenomen was, zeiden de Filippino's: "Dus het betekent dat deze Jezus in feite een écht mens is geweest?" Zonder het geslachtsregister dachten sommige mensen dat het fabeltjes waren over een fantasieheld! In veel culturen in de wereld is een familielijn essentieel, omdat alleen dat je een identiteit geeft.

Deze wetenschap helpt ons om de grootsheid van het verbond tussen God en Abraham te begrijpen. Toen God voor het eerst met Abram sprak, waren Saraï en hij kinderloos; in die tijd een grote vloek, omdat daardoor hun familielijn zou uitsterven. Maar God beloofde aan Abram dat hij de vader zou worden van een groot volk; de grootst mogelijke voorspoed.

Bij het lezen van de Bijbel helpt het ons als we het culturele belang van familiebanden begrijpen. Mensen die de Bijbel voor het eerst lezen zouden kunnen denken dat het een boek is met verhalen over moraal of filosofie, maar ze zullen in plaats daarvan ontdekken dat het eigenlijk een lang epos is van een door God uitverkozen familie. Ondanks hun zwakheden gebruikt God hen door vele generaties heen om de wereld te verlossen. En wij moeten bedenken dat, omdat we onderdeel van deze familie zijn, hun verhaal ook ons verhaal is.

Vragen bij hoofdstuk 31

1. Meestal wordt met het woord toledot afstammelingen of generaties bedoeld; het woord wordt gebruikt aan het begin van geslachtsregisters. Maar lees Genesis 2:4 en 37:2 en de passages waar deze teksten in staan. Welke bredere betekenis heeft het woord toledot hier? Wat leren die teksten ons over hoe de Bijbel de geschiedenis van de wereld ziet?
2. Kijk naar de geslachtsregisters van Jezus in Mattheüs 1:1-17 en Lukas 3:23-38. Wie zijn de belangrijkste figuren in het voorgeslacht van Jezus die in beide geslachtsregisters worden genoemd? Welke verschillen zie je?
3. God beloofde aan Abraham dat hij de vader van een groot volk zou worden; in die oude tijd de grootst mogelijke zegen die iemand zich kon voorstellen. Lees Galaten 3:7. Hoe beschrijft Paulus dat dit is vervuld?
4. We weten dat onze cultuur meer gericht is op het individu dan op de familie. Hoe beïnvloedt dat de manier waarop we onszelf zien en hoe we leven? Denk je dat de ene cultuur beter is dan de andere?

32. Bechor

De eerstgeborene van de Vader

Hij is het Beeld van de onzichtbare God, de Eerstgeborene van heel de schepping.
(Kolossenzen 1:15)

Een concept dat veel in de Bijbel voorkomt, is dat van de *eerste,* in termen van eerstgeborene (*bechor*) of eerstelingen (*bikkurim*). Wij zijn geneigd ons te focussen op de letterlijke betekenis van het eerstgeboren kind of de eerste oogst. Als we echter het belang van alle 'eersten' in de Schrift beter begrijpen, zal dat ons een beter idee geven van wat er in de Bijbel mee wordt bedoeld.

De eerstgeboren zoon van een gezin werd meer geëerd en ontving doorgaans de grootste erfenis. Hij was de opvolger van de vader en de andere kinderen behandelden hem met respect, ook als zij samen opgroeiden. Daarom kon de term eerstgeborene ook op een figuurlijke manier worden gebruikt in de betekenis van een vooraanstaande status of meest nabije relatie, ook al ging het niet over een letterlijke eerste. Zo zegt God in Psalm 89 bijvoorbeeld tegen David, de jongste zoon in zijn gezin:

Ik heb David, Mijn dienaar, gevonden; met Mijn heilige olie heb Ik hem gezalfd. (…) Ja, Ík zal hem tot een eerstgeboren zoon maken, tot de allerhoogste van de koningen van de aarde. (Psalm 89:21 en 28)

God spreekt over Israël als Zijn eerstgeboren zoon (Exodus 4:22), waarbij Hij deze metafoor gebruikt om Israëls speciale relatie met Hem en de bijzondere status onder de volkeren te beschrijven.

In het Hebreeuwse denken is het ook gebruikelijk dat de eerste van iets het geheel vertegenwoordigt. Paulus gebruikt deze logica om Adam en Jezus te vergelijken:

Want omdat de dood er is door een mens, is ook de opstanding van de doden er door een Mens. Want zoals allen in Adam sterven, zo zullen ook in Christus allen levend gemaakt worden. Ieder echter in zijn eigen orde: Christus als Eersteling, daarna wie van Christus zijn, bij Zijn komst. (1 Korinthe 15:21-23)

Adam was de eerste mens en vertegenwoordigde de gehele mensheid. Omdat hij stierf, zullen wij allemaal sterven. Christus is echter de vertegenwoordiger van iedereen in Zijn Koninkrijk; omdat Hij is opgestaan, zullen wij allemaal opstaan. En Hij is niet alleen vertegenwoordiger, Hij is de allerhoogste van alles omdat Hij eerste is.

Hij is het Beeld van de onzichtbare God, de Eerstgeborene van heel de schepping. Want door Hem zijn alle dingen geschapen (...). En Hij is vóór alle dingen, en alle dingen bestaan tezamen door Hem. En Hij is het hoofd van het lichaam, namelijk van de gemeente, Hij, Die het begin is, de Eerstgeborene uit de doden, opdat Hij in allen de Eerste zou zijn. (Kolossenzen 1:15-18)

Het luisteren met Hebreeuwse oren helpt ons dit tekstgedeelte te begrijpen. Omdat Jezus met de Vader eeuwig is, lijkt het verkeerd om over Hem als eerstgeborene te spreken. Daarmee zou je suggereren dat Hij een geschapen wezen is en niet volledig God. Het is echter wel zinvol over Hem te spreken als eerstgeborene in termen van het hebben van de grootste eer en het dichtst bij God staan. Door de figuurlijke betekenis van eerstgeborene te begrijpen, kunnen we Christus' ware oppermacht en eeuwige regering beter begrijpen.

Vragen bij hoofdstuk 32

1. Het eerste jong van een dier en de eerste opbrengst van de oogsten werden als absoluut het beste van het beste beschouwd. Dit werd aan God geofferd als de best mogelijke gave, zoals beschreven staat in Exodus 13:2. Wat zegt dit over wat God van ons wil?
2. De eerstgeboren zoon werd ook gezien als de eerste vrucht van de mannelijke kracht (Psalm 105:36), een teken van de mannelijkheid van de vader en zijn vermogen om zijn erfdeel door te geven. Wat maakt deze kennis ons duidelijk over Gods beslissing om Zijn zegen niet via de eerstgeboren zonen van Abraham, Izaäk, Jakob, Jozef en David door te laten geven?
3. Wat betekent het, in het licht van vraag 2 over de eerstgeborene als de kracht van zijn vader, dat Jezus de enige eerstgeborene was aan wie God een prominente plaats in de heilsgeschiedenis gaf?
4. Wat betekent het in de praktijk om God de eerste opbrengsten van je tijd en arbeid te geven? Noem een activiteit die je doet uit liefde voor God. Komt wat je voor God doet op de eerste of tweede plaats?

33. Ben

Een zoon zoals zijn Vader

Maar Ik zeg u: Heb uw vijanden lief (….) en bid voor hen die u beledigen en u vervolgen, zodat u kinderen zult zijn van uw Vader, Die in de hemelen is, want Hij laat Zijn zon opgaan over slechte en goede mensen en laat het regenen over rechtvaardigen en onrechtvaardigen. (Mattheüs 5:44-45)

Het Hebreeuwse woord voor zoon, *ben*, heeft een brede betekenis in de Bijbel en kan ook voor verschillende begrippen en culturele opvattingen gebruikt worden. Naast de letterlijke betekenis, de zoon van een vader of moeder, wordt het ook vaak gebruikt om latere nakomelingen aan te duiden. Dit helpt ons om te begrijpen dat er in geslachtsregisters in de Bijbel soms generaties worden weggelaten en dat alleen belangrijke voorouders worden vermeld. Dat is geen fout; de reden hiervoor is dat het normaal was om ook een latere nakomeling zoon te noemen.

In het denken in de Bijbelse tijd werd bij het woord zoon verondersteld dat nakomelingen dezelfde eigenschappen als hun voorouders hadden. Het was gebruikelijk dat kinderen het beroep van hun familie uitoefenden en ze de familiegoden aanbaden. Men ging er van uit dat kinderen zelfs het karakter van hun voorouders zouden overnemen: als hun vader wijs was, zouden zij wijs zijn; als hij oorlogszuchtig was, zouden zij oorlogszuchtig zijn. Ismaël bijvoorbeeld, was 'een wilde ezel van een mens' (Genesis 16:12). Daarom ging men ervan uit dat zijn nakomelingen, de Ismaëlieten, ook zo waren. En wanneer Jezus wordt beschreven als de Zoon van David, suggereert dat dat Hij een nakomeling van David en daardoor ook een machtige koning is. Jezus gebruikt deze logica wanneer sommige religieuze leiders beweren dat Abraham hun vader is. Hij zegt dat, als Abraham hun vader zou zijn, ze net als Abraham zouden handelen; maar in plaats daarvan handelen ze als hun vader, de duivel (Johannes 8:39-44).

Het woord zoon wordt ook gebruikt om de leerling van een rabbi aan te duiden. De relatie tussen rabbi en leerling werd gezien als die van een vader en zijn zoon. Er werd van de leerling verwacht dat hij evenveel van zijn rabbi hield als van zijn eigen vader. Net zoals een zoon de manier van doen van zijn vader nastreefde, werden leerlingen geacht hun rabbi's na te volgen en hetzelfde karakter te ontwikkelen. Paulus gebruikte dit idee waarschijnlijk toen hij over Timotheüs sprak als zijn 'zoon' en zichzelf een vader voor de Korinthiërs noemde:

> *(...) In Christus Jezus heb ik u immers door het Evangelie verwekt. Ik roep u er dus toe op: word mijn navolgers. Daarom heb ik Timotheüs naar u toe gestuurd, die mijn geliefde en trouwe zoon is in de Here.* (1 Korinthe 4:15-17a)

Als we kijken naar Mattheüs 5:44-45, dat boven dit hoofdstuk staat, kunnen we nu zien hoe Jezus de term zoon gebruikt als Hij zegt dat we "kinderen van uw Vader, Die in de hemelen is" moeten zijn. Net zoals een zoon op zijn vader wil lijken, moeten wij ernaar streven om op onze Vader in de hemel te lijken. Omdat God liefdevol is, zelfs voor mensen die Hem haten en genadig is voor degenen die geen genade verdienen, zo zouden wij ook moeten zijn.

Vragen bij hoofdstuk 33

1. In 1 Samuel 20 staat dat koning Saul boos was op zijn zoon Jonathan wegens zijn vriendschap met David, de zoon van Isaï, die koning zou worden in plaats van Saul. Lees 1 Samuel 20:30-31. Hoe gebruikte Saul het begrip zoon om Jonathan te verwijten dat hij niet trouw was aan zijn familie?
2. Lees het verhaal van de verloren zoon in Lukas 15:11-32. Wat denk je, vanuit die cultuur van erg hechte families, wat het zegt over de relatie tussen een zoon en zijn vader als de zoon een groot deel van de erfenis neemt en weggaat? Zien we ook vandaag nog zo'n verhouding tussen mensen en God?
3. Lees 1 Korinthe 4:14-21, waarin Paulus zichzelf een vader en de Korinthiërs zijn kinderen noemt. Hoe gebruikt hij dit beeld vader-kinderen in de beschrijving van zijn verhouding met hen? Wat kunnen ze van hem leren door hem als hun vader te zien?
4. Lees Hebreeën 12:7-8. Heb je wel eens het gevoel gehad dat er in je leven een tijd was dat God je een les leerde? Helpt het lezen van deze tekst je om weer over die tijd na te denken?

34. Ach

Mijn broeders hoeder

*En de HEERE zei tegen Kaïn: Waar is Abel, uw broer? En hij zei:
Ik weet het niet; ben ik de hoeder van mijn broer? En Hij zei: Wat hebt u gedaan!
Er is een stem van het bloed van uw broer, dat van de aardbodem tot Mij roept.*
(Genesis 4:9-10)

We zouden het belangrijkste punt in Bijbelse teksten kunnen missen als we geen rekening houden met het woordgebruik en de poëzie van het verhaal. Vaak wordt een woord steeds maar weer herhaald om op een subtiele manier een punt te maken. Bij de compositie van de tekst had men veel aandacht voor woordherhaling en tekststructuur; het vaak herhalen van een woord benadrukt dat dat de kern is van het verhaal.

In het verhaal van Kaïn en Abel bijvoorbeeld, wordt het woord broer (*ach*) zeven keer herhaald; de middelste herhaling komt voor in de vraag van God: "Waar is je broer Abel?" Het antwoord van Kaïn is vanuit de SV als gezegde bekend geworden: "Ben ik mijn broeders hoeder?" De onuitgesproken boodschap is dat deze vraag van God en het antwoord daarop van Kaïn centraal staan en heel belangrijk zijn. Als we dit in gedachten houden, kunnen we uit dit verhaal de pakkende boodschap opmaken die het antwoord op de vraag aan Kaïn eigenlijk inhoudt: "Ja, je bént de hoeder van je broer."

De Bijbel gebruikt ook de aloude logica dat de eerste van iets ook de rest vertegenwoordigt (zie hoofdstuk 32): omdat Adam de eerste mens was, was hij de vertegenwoordiger van de gehele mensheid. De eerste keer dat het woord broer in de Bijbel voorkomt, is toen Eva Abel ter wereld bracht nadat ze eerst Kaïn had gekregen (Genesis 4:2). De eerste persoon in de Bijbel die een broer had, was Kaïn. Dus Kaïn en Abel vertegenwoordigen ons allemaal als broers.

Hieruit volgt dat we allemaal elkaars hoeders zijn. Op het moment dat we de verplichting om voor onze broers te zorgen vergeten, kruipt de zonde bij ons naar binnen en duwt ons naar beneden, naar de weg van Kaïn, die zelfs in moord kan eindigen.

Je kunt je afvragen of het nodig is dat we hieraan herinnerd worden, maar de hedendaagse cultuur benadrukt onze individualiteit en onafhankelijkheid zodanig dat het tot schokkend egoïsme leidt. Pornografie voedt de begeerte naar het lichaam van een ander om dat voor ons eigen plezier te gebruiken; materialisme, waarvoor onderbetaalde buitenlandse werkkrachten gebruikt worden, moedigt ons aan om van luxe te genieten, terwijl anderen voor weinig geld moeten werken; geweld in de media maakt dat we het lijden van anderen als vermaak kunnen gaan zien en ongevoelig worden voor de pijn van een ander.

Door de voortdurende beeldvorming in de media dat we voor onszelf leven en anderen voor ons plezier kunnen gebruiken, is het gevaar groot dat we egoïstisch worden en de behoeften van anderen om ons heen vergeten. Alleen als we onthouden dat andere mensen onze broers en zussen zijn en dat we hen als onszelf moeten liefhebben, zullen we gaan leven zoals God wil.

Vragen bij hoofdstuk 34

1. Lees Genesis 4:1-11 nog een keer. Let daarbij op alle keren dat het woord broer wordt gebruikt en let vooral op Kaïns plicht als de broer van Abel. Welke verwachtingen hebben wij wél van onze letterlijke broers en zussen, maar niet van anderen?
2. In het verhaal van Jozef bleef de zonde die zijn broers tegen hem hadden begaan hen de rest van hun leven achtervolgen (Genesis 42:21). Jaren nadat ze in Egypte waren gaan wonen, vroegen ze Jozef opnieuw om hen vergeving te schenken. Lees Genesis 50:15-21. In welk opzicht gedragen ze zich wel (of niet) als zijn broers en hoe gedraagt hij zich tegenover hen?
3. Toen Jezus op aarde leefde, vertelden Zijn toehoorders hem een keer dat Zijn moeder en broers waren gekomen om Hem te zien en daarop antwoordde Hij: "Mijn moeder en Mijn broeders zijn dezen, die het Woord van God horen en dat doen" (Lukas 8:21). Wat bedoelde Hij hiermee?
4. In het Nieuwe Testament verwijst broer ofwel broeder vaak naar een medechristen. Als we nog eens naar de mogelijke antwoorden op vraag 1 kijken, wat moeten wij dan ook doen voor andere leden van het lichaam van Christus?

35. Iesja

Teveel vrouwen

*Maar Saraï, de vrouw van Abram, had hem geen kinderen geschonken.
Nu had zij een Egyptische slavin, van wie de naam Hagar was.
Daarom zei Saraï tegen Abram: Zie toch, de HEERE heeft mijn baarmoeder gesloten,
zodat ik geen kinderen kan krijgen. Kom toch bij mijn slavin; misschien zal ik
uit haar nageslacht krijgen. (Genesis 16:1-2b)*

Wij, moderne bijbellezers, hebben moeite om te begrijpen dat er in de oudheid gezinnen met meerdere vrouwen waren. *Iesja* is Hebreeuws voor echtgenote of vrouw. Het is belangrijk om de houding in de Bijbel tegenover deze praktijk te begrijpen. Uit het verhaal van Adam en Eva wordt duidelijk dat het Gods bedoeling was dat één man met één vrouw zou trouwen. Volgens Jezus stond God echter bepaalde huwelijkspraktijken toe, zoals echtscheiding, vanwege de hardheid van de harten van mensen (Matthëus 19:18). God lijkt ook de praktijk van het hebben van meerdere vrouwen te hebben getolereerd vanwege de zwakheid van de mens. Er waren geen manieren waarop weduwen en alleenstaande vrouwen zich in die maatschappij konden beschermen of in hun levensonderhoud konden voorzien; polygamie gaf hen een manier om te overleven en een gezin te hebben.

Het verhaal van Sara en Hagar komt niet vreemd over op iemand die leeft in culturen waarin polygamie gemeengoed is. God had beloofd om Abram tot een grote natie te maken, maar het gebeurde niet. Er was geen groter verlangen dan kinderen te krijgen en hoewel God die belofte meer dan tien jaar geleden had gedaan, werd Saraï maar niet zwanger. Zij wilde wanhopig deze situatie oplossen, dus gebruikte ze een in die tijd aanvaarde praktijk om haar slavin aan haar man aan te bieden met het doel kinderen te baren.

Er is altijd spanning, conflict, of ongelijkheid in gezinnen met meer dan één vrouw. Het gezin van Jakob zal er zeker onder hebben geleden evenals het gezin van koning David. In Abrahams verhaal begon dit op te spelen zodra Hagar zwanger werd (Genesis 16:4). Net zoals God mensen in hun zwakheid toestaat niet precies Zijn intenties voor het huwelijk op te volgen, is het interessant dat God ook Zijn genade uitbreidde tot Abrams en Saraï's poging om een kind buiten Zijn plan te krijgen. Toen Hagar weg was gezonden, troostte en verloste God Hagar niet alleen, Hij beloofde haar ook de grootste zegen die zij zich kon voorstellen: zij zou de moeder van een grote natie worden.

Wij zouden troost moeten halen uit hoe God werkte door de polygame gezinnen van mensen zoals Abraham en Jakob. God vraagt van ons geen perfectie voordat hij ons gebruikt en zegent. Hij wacht geduldig en werkt ook via ons minder aangename gedrag. God onderwijst ons, net zoals Christus deed toen Hij Gods bedoelingen met het huwelijk verduidelijkte. We zouden van Zijn voorbeeld moeten leren en dit geduld ook aan anderen moeten tonen.

Vragen bij hoofdstuk 35

1. Lees een gebeurtenis uit het verhaal van Lea en Rachel, de vrouwen van Jacob, in Genesis 29:31-35. Welke ongelukkige situatie ontstond omdat Jacob hen beiden als vrouw had? Zouden deze huwelijken van Jacob toegestaan zijn volgens Leviticus 18:18? Waarom niet?
2. In Deuteronomium 25:5-7 staat het voorschrift dat als de echtgenoot van een vrouw overlijdt, de broer van die man haar tot vrouw moet nemen. Waarom zou dat voorschrift gegeven zijn?
3. Polygamie komt nog steeds voor in delen van Afrika. Als polygame mannen christen worden, moet de kerk beslissen of ze van hun vrouwen moeten scheiden, of dat ze bij hem mogen blijven omdat die vrouwen en kinderen het anders heel zwaar zouden krijgen. Paulus schreef over het huwelijk in 1 Korinthe 7, maar had het niet over dit probleem. Wat zou hij hierover gezegd kunnen hebben?
4. God gaf zijn volk liever echtscheidingswetten vanwege 'de hardheid van hun harten' dan dat Hij van hen verlangde dat ze perfect waren, hoewel Jezus later de eisen van de wet aanscherpte (Mattheüs 5). Op welke manieren kunnen we dit Bijbels onderwijs in ons eigen leven toepassen?

36. Bajit

In het huis van de Heer

Ja, goedheid en goedertierenheid zullen mij volgen al de dagen van mijn leven. Ik zal in het huis van de HERE blijven tot in lengte van dagen. (Psalm 23:6)

Het Hebreeuwse woord voor huis, *bajit** (uitgesproken als BA-jiet), heeft een grote verscheidenheid aan betekenissen. Het kan onder andere verwijzen naar een huis, een tempel, een familie of een afstammingslijn. Het is zelfs zo dat de tempel van God in veel Bijbelteksten simpelweg als het huis wordt aangeduid. Dit onderstreept het verlangen van God om bij de mensen te wonen.

God gebruikt de brede betekenis van bajit voor een interessant en belangrijk woordspel. Koning David wilde voor God een tempel bouwen, maar God zei tegen hem dat zijn zoon de tempel zou bouwen. Maar vervolgens zei Hij:

Ook maakt de HERE u bekend dat de HERE voor ú een huis (bajit) *zal maken. Wanneer uw dagen voorbij zijn en u met uw vaderen ontslapen bent, zal Ik uw nakomeling na u, die uit uw lichaam voortkomt, doen opstaan (...) Die zal voor Mijn Naam een huis* (bajit) *bouwen, en Ik zal de troon van zijn koningschap voor eeuwig bevestigen. (...) Uw huis* (bajit) *en uw koningschap zullen voor uw ogen voor eeuwig vaststaan, uw troon zal voor eeuwig zeker zijn.* (2 Samuël 7:11b, 12a, 13, 16)

Nadat David vragen had gesteld over het bouwen van een huis, gaf God als antwoord dat Hij in plaats daarvan een huis voor David zou bouwen! Terwijl David echter een tempel bedoelde, doelde God op een eeuwig koningschap voor Davids nakomelingen. Het is interessant dat deze passage messiaans wordt geïnterpreteerd. Salomo, de zoon van David, bouwde de fysieke tempel, maar Jezus als de Zoon van David zou het ware huis van God bouwen: het huisgezin van God (Efeze 2:21).

---

* *bet* in samengestelde woorden zoals Bethlehem

In Psalm 23 kunnen we nog iets over het woord bajit ontdekken dat interessant is. Het lijkt vreemd dat iemand 'in het huis van de HERE [zou willen] blijven tot in lengte van dagen'. Hoewel dit mooie poëzie is, roept het de vraag op: is het echt de bedoeling dat we ons hele leven in een kerkgebouw doorbrengen?

We zouden aan dit vers een spirituele betekenis kunnen geven, bijvoorbeeld: we zouden *in de geest* tot in lengte van dagen in het huis van de Heer moeten blijven. De *New International Version Study Bible* vermeldt in de uitleg: 'in het Hebreeuws kan dit woord door de jaren heen betekenen.' Er staat een kruisverwijzing naar een andere uitleg bij, waarin gesproken wordt over 'de vreugde van volkomen veiligheid' (uitleg van Psalm 23:6). We zouden dit vers ook kunnen opvatten als een verwijzing naar de hemel.

Hoewel deze interpretaties goed zijn, kunnen we tot een ander inzicht komen door te bedenken dat het woord *bajit* familie, afstammingslijn, of huishouden kan betekenen. Zou het vers in Psalm 23 kunnen betekenen dat ik voor altijd bij het huisgezin van God zal horen? Het huis dat (de tempel die) Jezus aan het bouwen is, is ongetwijfeld de familie van gelovigen, niet een gebouw van steen en cement. In die zin kan ik echt zeggen dat ik zeker in het huis van de HERE wil blijven tot in lengte van dagen.

Vragen bij hoofdstuk 36

1. In les 36 staat dat het Hebreeuwse woord voor huis kan verwijzen naar één of meerdere verwante begrippen. Begrijp je Spreuken 14:1 beter nu je deze verschillende betekenissen kent?
2. Koning Salomo, de zoon van David, bouwde een huis voor God en de Geest van God vulde deze tempel (2 Kronieken. 7:1-3). Men geloofde dat de Messias als Salomo zou zijn en dat hij een nog groter huis voor God zou bouwen. Hoe zie je dat Jezus dit nog krachtiger vervulde in Handelingen 2:1-4? Welk huis werd hier vervuld met de Geest?
3. Lees 1 Korinthe 3:16-17 en Efeziërs 2:19-22. Op welke manier vervulde Jezus volgens Paulus de profetie dat de Messias een huis voor God zou bouwen?
4. Lees de gelijkenis in Lukas 6:46-49 over de huizen die met of zonder fundament gebouwd zijn. Zijn er delen van je leven die mogelijk een beetje wankel zijn, omdat je Gods woord niet volledig gehoorzaamt?

VI

Inzichten die ons gebedsleven verrijken

Het gebed nam een centrale plek in bij Jezus.
Hij bad echter anders dan wij vandaag de dag doen en leerde
Zijn discipelen een gebed dat wij misschien niet helemaal begrijpen.
Wanneer we kijken naar hoe en waarvoor ze baden, zullen wij op een
prachtige manier ontdekken hoe ook wij zouden moeten bidden.

Vrouwen bidden bij de Klaagmuur (kopergravure uit 1909 van Lilien)

37. Beerach

De Heer zegenen

Als u dan gegeten hebt en verzadigd bent, loof dan de HEERE, uw God, voor het goede land dat Hij u gegeven heeft. (Deuteronomium 8:10a)

Paulus schrijft: '(….) dank God, die uw Vader is, altijd voor alles in de naam van onze Heer Jezus Christus' (Efeze 5:20 NBV). Voor ons lijkt dat niet haalbaar, maar het uitspreken van dankgebeden op alle momenten van de dag was onderdeel van het Joodse leven. Zo'n gebed werd een zegenspreuk (*b'racha*, uitgesproken als b'ra-CHAA) genoemd, een kort gebed dat God eerde als de bron van al het goede.

In Psalm 103 zegt David steeds dat hij 'de Heer moet zegenen' [in de Nederlandse vertalingen is dat vertaald met loven, danken of prijzen]. Dit zegenen lijkt misschien vreemd, omdat wij vinden dat God óns zou moeten zegenen. In het woord *beerach* (zegenen) ontdekken we echter wat achter deze gewoonte schuilt. Het woord is verwant aan het woord voor knie (*beerech*) en het werkwoord kan ook knielen betekenen, zoals de kamelen doen in Genesis 24:11. De betekenis is dat, als we God zegenen, wij geestelijk op onze knieën gaan om Hem te aanbidden, Hem erkennend als de bron van alle zegen. Zoals veel Hebreeuwse woorden met een brede betekenis, wordt hetzelfde woord, *beerach*, door ons gebruikt als we God danken, en door God als Hij ons zegent met goede dingen.

Het kan ons geestelijk erg verrijken als we deze gebeden begrijpen die de Joden ook al in Jezus' tijd baden. Vandaag de dag begint elk Joods gebed met 'Gezegend zijt Gij, HEER onze God, Koning der wereld…..' maar in Jezus' tijd begon het gebed alleen met 'Gezegend is Hij …' De Joden zegenden de Heer als ze wakker werden, Hem dankend voor elk deel van hun lichaam dat weer functioneerde. Als ze zich aankleedden, prezen ze Hem door te zeggen: "Gezegend is Hij die de naakten kleedt". Als in de lente de eerste bloesem zichtbaar was aan de bomen, zeiden ze: "Gezegend is Hij die niets uit de wereld wegliet en er goede dingen in schiep en goede bomen om de mensen te verheugen!" Als ze een donderslag hoorden, zeiden ze: "Gezegend is Hij wiens kracht en macht de wereld vullen!"

Door deze doordringende manier van bidden bleef de nabijheid van God en Zijn liefde steeds in hun gedachten.

De Joden hadden ook zegeningen voor de hoogten en diepten in het leven. Als ze een langverwachte blijde gebeurtenis vierden, zeiden ze: "Gezegend is Hij die ons laat leven, en ons heeft ondersteund, en ons deze dag liet zien!" Zelfs in tijden van rouw zegenden ze God. Ze zeiden: "Gezegend is Hij die de ware rechter is." Dat herinnerde hen eraan dat God goed was, zelfs bij tragische voorvallen, en dat Hij uiteindelijk gerechtigheid zal brengen zelfs daar waar die niet aanwezig lijkt te zijn.

Hoewel Paulus' opdracht om altijd dankbaar te zijn te veel van het goede lijkt, hebben veel mensen ontdekt dat het in praktijk brengen van deze dankgebeden hun hele innerlijke houding kan veranderen. Het voortdurend God danken voor Zijn goede gaven herinnert ons eraan dat de wereld doordrenkt is van Gods aanwezigheid en dat Hij steeds voor ons zorgt.

Vragen bij hoofdstuk 37

1. Zoek de zegensspreuken op in onderstaande verzen (in Nederlandse Bijbelvertalingen wordt het vertaald met loven of dankzeggen in plaats van zegenen).
   Waarvoor wordt God in deze verzen gezegend?
   Genesis 24:27
   Mattheüs 9:8
   Lukas 2:28-32
2. Als God een wonder verricht had door je leven te sparen, vond men het in het Jodendom vanzelfsprekend om naar die plek terug te gaan en God daar in het openbaar te loven (zegenen).
   Lees je Lukas 17:11-19 hierdoor anders?
3. Jakobus dacht aan het gebruik van het zegenen van de Heer toen hij schreef over de tong: 'Met onze tong zegenen we onze Heer en Vader, en we vervloeken er mensen mee die God heeft geschapen als zijn evenbeeld. Uit dezelfde mond klinkt zegen en vervloeking' (Jakobus 3:9,10 NBV).
   Hoe verrijkt het de betekenis van deze tekst nu je dit gebruik kent?
4. Een zegening is niet bedoeld om onze goedkeuring of alleen maar persoonlijke dankbaarheid uit te drukken, maar om God te loven om Zijn grootheid. Schrijf, met dat in gedachten, een zegening op voor iets wat de afgelopen week in je leven gebeurde. Begin met de traditionele zin 'Gezegend bent U, Heer onze God, Koning van het heelal, die ……'

38. Kavana

De richting van je hart

Wie zal de berg van de HEERE beklimmen?
Wie zal staan in Zijn heilige plaats?
Wie rein is van handen en zuiver van hart. (Psalm 24:3-4a)

De gebeden die Jezus en Paulus baden waren een combinatie van spontane smeekbeden en traditionele Joodse gebeden die op bepaalde tijden van de dag werden gebeden. Duizenden jaren lang zijn deze gebeden nauwelijks veranderd.

Veel christenen geven vandaag de dag de voorkeur aan de intimiteit van het spontane gebed en hebben het gevoel dat een vast gebed leeg en hol zou zijn. We vragen ons af hoe iemand het zou kunnen vermijden dat dit bidden een automatisme wordt. Het antwoord is een concept dat de rabbi's ontwikkelden, dat bekend staat als *kavaná*. Het woord betekent richting, aandacht, of toewijding. Het idee achter bidden met kavana is dat je je denken richt naar God en naar het bidden met je hele hart van een uit het hoofd geleerd gebed. Als je kavana hebt, focus je je hele wezen op gebed en word je niet afgeleid door de chaos om je heen. Je zou hetzelfde gebed duizend keer kunnen bidden, maar je geest is zo diep ondergedompeld in de woorden dat je nieuwe inzichten en gevoelens zou kunnen ervaren die je nooit eerder hebt gehad. Dit is erg belangrijk in de Joodse praktijk van het bidden. Joodse mensen vermijden verstoringen zorgvuldig en houden de geest van kavana vast; als ze merken dat ze de concentratie zijn kwijtgeraakt, zullen ze het gebed weer herhalen.

Iedere Joodse synagoge heeft een *Aron Hakodesj* (Heilige Ark, een sierlijke wandkast) die de Torarollen bevat; erboven staat vaak: 'Weet voor Wie u staat.' Dat is precies wat het betekent om met kavana te bidden – het gevoel te hebben in de tegenwoordigheid van God te staan, te weten dat je je richt tot de soevereine God van het universum.

Gebed is zo eenvoudig en God is zo gewoon voor ons, dat het gemakkelijk is om halfslachtig te bidden en onze geest af te laten dwalen naar onze eigen gedachten.

Het zou ons kunnen overkomen dat we bidden voor we naar bed gaan en halverwege in slaap vallen. We vergeten de majesteit en macht van Hem tot Wie we ons richten! Het is belangrijk om te onthouden dat God bij het bidden onze grootste inspanning, en niets minder, verdient.

Kavana gaat veel verder dan gebed alleen; het zou ook uit onze levens moeten blijken. We zouden elk uur en elke dag met toewijding en aandacht moeten leven, ons ervan bewust zijn dat Gods tegenwoordigheid overal om ons heen is. Als we dit doen, zullen onze levens Christus weerspiegelen, die ernaar verlangde om in elk opzicht de wil van Zijn Vader te doen.

Vragen bij hoofdstuk 38

1. Het begrip kavana lijkt een beetje op het Hebreeuwse begrip 'de vreze des Heren'. Lees hoofdstuk 3 nog een keer. Hoe houden deze begrippen verband met elkaar?
2. In Markus 12:30 citeert Jezus het *Sjema*, waarin staat dat we de Heer onze God moeten liefhebben met heel ons hart en ziel en met inzet van al onze krachten (Deuteronomium 6:5 NBV). Hoe kun je, door *kavana* te hebben, deze opdracht vervullen?
3. In Prediker 9:10 9 (NBV) staat: 'Doe wat je hand te doen vindt. Doe het met volle inzet….' Geef een voorbeeld van hoe je dit kunt verwezenlijken door kavana te gebruiken in je dagelijks leven.
4. Denk terug aan de laatste keer dat je bij een kerkdienst was. Kun je je de preek nu nog herinneren? Werd je afgeleid door je eigen gedachten? Hoe was je kavana: heb je de dienst oprecht en bewust meegemaakt?

39. Choetspa

Bidden met vasthoudendheid

Abraham ging dichter naar hem toe en vroeg: "Wilt u dan behalve de schuldigen ook de onschuldigen het leven benemen? Misschien dat er in die stad vijftig onschuldigen zijn. Zou u die dan ook uit het leven wegrukken en niet de hele stad vergeving schenken omwille van die vijftig onschuldige inwoners? Zoiets kunt u toch niet doen, hen samen met de schuldigen laten omkomen! Dan zouden schuldigen en onschuldigen over één kam worden geschoren. Dat kunt u toch niet doen! Hij die rechter is over de hele aarde moet toch rechtvaardig handelen?" (Genesis 18:23-25 NBV)

De tekst hierboven komt uit het gesprek dat Abraham met God had over de vraag of God wel of niet de stad Sodom zou gaan verwoesten. Abraham redetwistte vasthoudend met God over de stad en onderhandelde net zolang met God totdat de Heer er mee instemde om de stad te sparen, zelfs als er maar tien rechtvaardigen in Sodom te vinden zouden zijn.

Als we dit verhaal lezen zijn we er enigszins verbaasd over dat iemand een dergelijke *choetspa* (uitgesproken als CHOETS-pa) zou durven hebben tegenover God. Christenen vinden het in het algemeen niet gepast om zo brutaal met God om te gaan. De rabbi's in Jezus' tijd bekeken Abrahams stoutmoedigheid tegenover God vanuit een interessante invalshoek. Hun interpretatie was dat Abraham was als een kind, dat een bijzonder hechte band had met zijn vader en Hem zo volledig vertrouwde, dat hij alles tegen Hem kon zeggen. Zijn steeds herhaalde smeekbeden waren als die van een jongetje dat aan zijn vaders jas trekt, terwijl hij maar blijft vragen om wat hij wil hebben.

Het is interessant dat God, om een of andere ondoorgrondelijke reden, wil dat wij voor zondige mensen pleiten. Hij zegt in Ezechiël: 'Ik zocht naar iemand onder hen die een muur kon optrekken en voor Mijn aangezicht in de bres kon staan voor het land, zodat Ik het niet te gronde hoefde te richten, maar Ik vond niemand." (Ezechiël 22:30). God wil niet dat we staan toe te kijken hoe Zijn oordeel anderen treft. Hij wil dat we tussenbeide komen, zowel door hen te vertellen dat ze zich moeten bekeren, als door God te smeken om genadig te zijn.

De grootste helden in het Joodse denken zijn in feite Abraham, die voor Sodom pleitte, en Mozes, die voor Israël pleitte toen het volk in zonde viel. Deze twee staan tegenover Noach en Jona, die van Gods oordeel hoorden, maar niet baden om genade voor anderen. Noach bouwde zijn ark en redde zijn gezin, Jona werd zelfs kwaad over Gods genade! Deze twee stonden in het Joodse denken altijd op een lager niveau. Het is interessant dat Jezus in de eerste categorie past van hen die echt heldhaftig zijn, omdat Hij bij Zijn kruisiging bad: "Vader, vergeef het hun, want zij weten niet wat zij doen." (Lukas 23:34). Door onze zonden te dragen, heeft Hij bovendien de ultieme daad verricht in het verdienen van genade voor zondaars.

Tijdens Jezus' leven op aarde leek ook Hij bewondering te hebben voor zo'n vasthoudendheid als die van Abraham. Hij was onder de indruk van de heidense vrouw die Hem net zolang tegensprak totdat Hij haar dochter genas (Markus 7:26). Hij vertelde ook een gelijkenis over een weduwe, die net zolang op de deur van een rechter bleef bonzen totdat hij haar zaak zou behandelen (Lukas 18:1-7). Als een onrechtvaardige rechter haar verzoek al inwilligt, omdat ze vasthoudend is, hoe veel te meer zal een goede en rechtvaardige God dan haar gebeden beantwoorden! Hieruit leren we dat we het bidden nooit moeten opgeven. Uit onze choetspa blijkt dat we, net als Abraham, volledig geloven in Gods macht en in Zijn overvloedige liefde voor ons.

Vragen bij hoofdstuk 39

1. In de Joodse traditie wordt gezegd dat God Abraham toestond om met Hem in debat te gaan over Sodom, zodat Abraham ervan zou leren en dat zou gebruiken om zijn kinderen te onderwijzen over het karakter van God. Lees Genesis 18:17-32. Wat zou God hem door dit gesprek geleerd hebben?
2. Lees Job 42:7-10, waar God aan de vrienden van Job laat weten dat Hij boos op hen is en Hij zegt dat Hij hen zal vergeven als Job voor hen zal bidden. Waarom zou God op deze manier handelen?
3. Lees Lukas 18:1-8. Jezus wijst er op dat God het tegenovergestelde is van de onverschillige rechter; God is hartstochtelijk betrokken bij het gebed van de weduwe, zoals in Exodus 22:22-24 staat. Wat verwacht Jezus volgens Lukas 18 van onze volharding in gebed?
4. Kun je ook te vrijpostig bidden? Laat je meer geloof zien als je in je gebed ergens aanspraak op maakt of als je zegt: "Uw wil geschiede"? Hoe denk je hierover?

40. Avinoe

Onze Vader

אָבִינוּ

Bidt u dan zo: Onze Vader, Die in de hemelen zijt.
Uw Naam worde geheiligd.
(Mattheüs 6:9)

Jezus begon Zijn discipelen te leren hoe ze moesten bidden door God als Onze Vader aan te roepen. Sommige mensen hebben beweerd dat Jezus uniek was door God als Vader aan te spreken, daarmee suggererend dat de Joden God alleen als een hardvochtig heerser zagen. In feite vertelden echter ook andere rabbi's gelijkenissen waarin God als Vader werd weergegeven. Zij lazen in de Schrift dat God zei dat Hij de 'vader van Israël' was (Jeremia 31:9) en dat Hij Israël als 'Zijn eerstgeboren zoon' aannam (Exodus 4:22).

Door Zijn gebed te beginnen met *Onze Vader*, volgde Jezus eigenlijk de traditie van andere Joodse gebeden die begonnen met 'Onze Vader, onze Koning' (*Avinoe, Malkeinoe*). Het meervoud onze werd gebruikt om respect te tonen door zich gezamenlijk tot God te richten in plaats van ieder persoonlijk. En bovendien omdat de Schrift God beschreef als de Vader van Israël als volk, meer dan van iedereen individueel.

De woorden Onze Vader benadrukten ook de noodzaak om voor het hele volk te bidden, niet alleen voor hun eigen behoeften. In feite komen Joden tegenwoordig ook nu nog dagelijks bij elkaar in een groep van minstens tien mannen (een *minjan*) om namens hun volk te bidden. Op dezelfde manier zouden wij, als wij het Onze Vader bidden, moeten denken aan de verbondenheid die we met alle gelovigen in Christus hebben.

Het unieke van Jezus, is niet dat Hij Zijn discipelen vertelde hoe ze zich tot God moesten richten, maar dat Hij zelf God 'Mijn Vader' noemde. In de hele Bijbel spreekt niemand anders God aan als mijn Vader. Daar is een interessante reden voor. Er bestond een overlevering over de Messias, die voortkwam uit de belofte die God aan koning David gaf:

Ook maakt de HEERE u bekend dat de HEERE voor ú een huis zal maken. Wanneer uw dagen voorbij zijn en u met uw vaderen ontslapen bent, zal Ik uw nakomeling na u, die uit uw lichaam voortkomt, doen opstaan en Ik zal zijn koningschap bevestigen. Die zal voor Mijn Naam een huis bouwen, en Ik zal de troon van zijn koningschap voor eeuwig bevestigen. Ík zal hem tot een Vader zijn, en híj zal Mij tot een zoon zijn. (2 Samuël 7: 11b-14a)

Op grond van deze profetie werd verwacht dat als de Messias zou komen, hij zo'n hechte, unieke relatie met God zou hebben dat hij God mijn Vader zou noemen. Hierdoor krijgen we een fascinerend inzicht in een verhaal over het leven van Jezus. Toen Jezus twaalf jaar was en zijn ouders Hem in de tempel aantroffen terwijl Hij met de geleerden discussieerde, zei Jezus tegen hen: "Wist u niet dat ik in het huis van *mijn Vader* moest zijn?" (Lukas 2:49). Dit was de eerste keer dat Jezus een messiaanse verwijzing op zichzelf betrok en zo liet zien dat Hij begreep wie Hij van kinds af aan was. Gedurende Zijn hele bediening noemde Hij God Mijn Vader en iedere keer als Hij deze woorden gebruikte, zullen Zijn luisteraars het zo hebben opgevat dat Hij er stoutmoedig aanspraak op maakte dat Hij de Messias was die eens zou komen, zoals God had beloofd.

Vragen bij hoofdstuk 40

1. Joden gebruiken vaak de woorden wij en ons bij het bespreken van Bijbelse verhalen om daardoor de overeenkomst en verbinding met de mensen uit de Bijbel beter te laten zien. Een voorbeeld is 'toen God *ons* uit Egypte leidde'. Lees Exodus 16:1-17:7, waarbij je aan de Israëlieten denkt als wij en ons. Welke invloed heeft dat op je als je dit verhaal leest?
2. Stel je voor dat je leefde in de tijd van Jezus, maar twijfelde of Hij de Messias was. Je wist echter ook dat de woorden *Mijn* Vader alleen maar mochten worden gebruikt door de Messias. Welke impact zou dit hebben gehad op hoe je de woorden van Jezus in Mattheüs 10: 32-33 en 11: 25-27 opvatte?
3. Lees Romeinen 8:12-17 en Galaten 3:26 en 4:6-7, waarin staat dat we een Geest van 'aanneming tot kinderen' (of adoptie) ontvangen. Wat bedoelt Paulus? Hoe past dat bij de woorden van Jezus in Lukas 8:21?
4. Niemand in de Bijbel heeft God ooit aangeroepen als Mijn Vader, behalve Jezus. Wat is het verschil tussen het aanroepen van God als mijn Vader of als onze Vader? Met welke van deze twee zouden we volgens jou God moeten aanroepen?

41. Kidoesj HaSjeem

Het heiligen van de Naam

*Hij zei tegen hen: Wanneer u bidt, zeg dan: Onze Vader, Die in de hemelen zijt.
Uw Naam worde geheiligd.* (Lukas 11:2a)

We hebben in ons leven al vaak de zin 'Uw Naam worde geheiligd' van het Onze Vader uitgesproken, zonder dat volledig te begrijpen. Door de culturele context van deze zinsnede te ontdekken, kunnen we een levensles leren.

In het Hebreeuws werd iemands naam vaak gebruikt als een beschrijving van zijn karakter. Wij kunnen de Naam van God misschien niet zo belangrijk vinden, maar dat Gods roem in de hele wereld steeds meer bekendheid moet krijgen, is een centraal thema in de Schrift. Er is redding voor de wereld wanneer mensen goede dingen horen over God en Christus als hun Redder accepteren. De Naam van God is daarom beslissend voor Zijn Reddingsplan.

De Joden hebben een helder beeld van wat het betekent om Gods naam te heiligen (*Kidoesj HaSjeem*) en van het tegenovergestelde: Gods Naam te ontheiligen (*Hilloel HaSjeem*). Deze begrippen worden beschouwd als elkaars absolute tegenovergestelden: het allerbeste en het meest verwerpelijke wat je kunt doen.

Het ontheiligen van de naam (Hilloel HaSjeem) betekent het verachten van Gods reputatie door Hem te identificeren met een schaamtevolle daad. Zo maken seksschandalen, waar televisie-evangelisten bij betrokken zijn, het de mensen moeilijk om in Christus te geloven. Of, als mensen oneerlijk worden behandeld door kerkgangers, zouden ze kunnen zeggen: 'ik wil niets te maken hebben met jou en je God.' Wij zijn Gods vertegenwoordigers en onze handelswijze weerspiegelt wie Hij is.

In tegenstelling daarmee, betekent het begrip Kidoesj HaSjeem (heiligen of wijden) het brengen van eer aan Gods goede Naam, zoals toen Jezus zei: "Laat uw licht zo schijnen voor de mensen, dat zij uw goede werken zien en uw Vader, Die in de hemelen is, verheerlijken" (Mattheüs 5:16). In de denkwijze van de rabbi's betekent dit leven als een rechtvaardige of het riskeren van je leven om een ander te redden; of zelfs om martelaar te worden om God te eren. Een voorbeeld is Corrie ten Boom, een christin die haar leven riskeerde door Joden voor de nazi's te verbergen en die daardoor maandenlang in een concentratiekamp doorbracht. Door haar handelen maakte ze dat mensen de vraag stelden: 'Wie is deze Christus, dat jij zoveel opoffert om Hem te dienen?'

Het ultieme voorbeeld van het heiligen van Gods naam is echter Jezus zelf. Als vleesgeworden God heeft Zijn dood aan het kruis aan de wereld laten zien dat de God van Israël een genadige, zelfopofferende God is. Niemand die gelooft dat Jezus God is, kan claimen dat God wreed of onverschillig is omdat Jezus het tegenovergestelde heeft bewezen. Het is vanwege Zijn grote offer dat Gods karakter tot de einden van de wereld bekend is gemaakt.

Dit geeft ons een aanwijzing van de betekenis van 'Uw Naam worde geheiligd'. Gods Naam is al heilig, maar dit is een verklaring dat het ons verlangen is dat alle mensen Zijn heiligheid zullen kennen. We zien het als onze verplichting er alles aan te doen om Zijn Naam in onze levens te heiligen en God eer te brengen in de wereld.

Vragen bij hoofdstuk 41

1. Lees wat Mozes in Deuteronomium 9:25-29 tegen God zegt. Hoe doet hij een beroep op Gods reputatie om vergeving te vragen voor Zijn volk?
2. Lees Ezechiël 36:16-26. Hoe ontheiligden de Israëlieten de naam van God en wat deed God om Zijn Naam onder de volken te herstellen?
3. In 1 Petrus 2:9 noemt Petrus de kerk een priesterschap en het is de taak van een priester om anderen te dienen en de wereld de heiligheid van God te laten zien. Wat zegt de apostel in 1 Petrus 2:10-17 over de manier waarop we dit moeten doen?
4. Zou er iets kunnen zijn in je leven waardoor God een slechte naam krijgt in de ogen van anderen? Hoe kun je veranderen, zodat je Gods karakter weerspiegelt?

42. Malchoet

Uw Koninkrijk kome

Bidt u dan zo: Onze Vader, Die in de hemelen zijt. Uw Naam worde geheiligd. Uw Koninkrijk kome. Uw wil geschiede, zoals in de hemel zo ook op de aarde.
(Mattheüs 6:9-10)

Hoewel Jezus vaak over het koninkrijk spreekt, vinden velen van ons het moeilijk om te begrijpen wat Jezus bedoelde met 'Uw Koninkrijk kome'. We lezen twee verschillende uitdrukkingen in de Evangeliën: Koninkrijk der hemelen en Koninkrijk van God. In Mattheüs wordt Koninkrijk der hemelen gebruikt, terwijl Koninkrijk van God in Markus, Lukas en Johannes gebruikt wordt. De reden hiervoor was dat Joden in de tijd van Jezus (en ook nu nog) respect voor God toonden door Zijn naam niet uit te spreken. Daarom behoudt Mattheüs de uitdrukking die in de Joodse cultuur gebruikelijk is, het Koninkrijk der hemelen (*malchoet sjamajiem*), terwijl de andere evangelisten aan heidense lezers uitleggen dat 'hemelen' naar God verwijst.

De belangrijkste uitleg van het Koninkrijk der hemelen was: *Gods heerschappij over de levens van mensen die Hem als Koning erkennen.* De rabbi's wisten dat het grootste deel van de wereld God niet kende, maar de Schrift beloofde dat ooit 'de HERE Koning [zal] worden over heel de aarde. Op die dag zal de HERE de Enige zijn en Zijn Naam de enige' (Zacharia 14:9).

In de tijd van Jezus leefde sterk de vraag, wanneer en hoe God Zijn heerschappij over alle volken zou vestigen. Men dacht dat als de Messias zou komen, dat dan het Koninkrijk van God plotseling met grote heerlijkheid zou aanbreken. Jezus was het echter niet eens met deze gedachte:

En toen Hem door de Farizeeën gevraagd werd, wanneer het Koninkrijk van God zou komen, antwoordde Hij hun en zei: Het Koninkrijk van God komt niet op waarneembare wijze. En men zal niet zeggen: Zie hier of zie daar, want, zie, het Koninkrijk van God is binnen in u. (Lukas 17:20, 21)

Jezus bedoelde dat iemand deel gaat uitmaken van het Koninkrijk van God als hij of zij zich bekeert en besluit God te aanvaarden als Koning. Dit is iets dat in het hart gebeurt en geen politieke beweging of zichtbaar vertoon van Gods macht is.

Dus, wat wilde Jezus in het Onze Vader zeggen met de bede: Uw Koninkrijk kome? Jezus bedoelde Gods heerschappij over ons leven, niet een toekomstig vertoon van Gods macht aan het einde der tijden. Jezus voegde die bede samen met de volgende bede, daarom zijn 'Uw Koninkrijk kome' en 'Uw wil geschiede' synoniem. Ze zeggen: Mogen alle volkeren op aarde U erkennen als Koning! Moge iedereen op aarde U kennen en Uw wil doen!

Als wij zelf deze woorden bidden, vragen we God om ons te gebruiken om het evangelie te verspreiden en Gods heerschappij overal op aarde te vestigen!

Vragen bij hoofdstuk 42

1. Lees Lukas 15:21 en 20:4 en bedenk daarbij dat het woord hemel werd gebruikt in plaats van de Naam van God. Hoe zou jij deze teksten uitleggen?
2. Lees Mattheüs 6:33 over eerst het Koninkrijk van God zoeken. Hoe helpt het bij het lezen van dit gedeelte als je weet dat met Gods Koninkrijk Zijn heerschappij bedoeld wordt?
3. Lees Mattheüs 18:1-4 over kinderen en het Koninkrijk. Hoe helpt het je om dit gedeelte te begrijpen, als we weten dat het Koninkrijk al in dít leven begint en niet pas nadat we zijn gestorven?
4. Wat doe jij om het Koninkrijk van God, Zijn heerschappij over jouw eigen leven en dat van anderen, uit te breiden?

43. Lechem Choekeenoe

Ons dagelijks brood

*Houd valsheid en leugentaal ver van mij.
En: geef mij geen armoede of rijkdom,
voorzie mij van mijn toegewezen deel aan brood.
Anders zou ik, verzadigd,
U verloochenen en zeggen: Wie is de HEERE?
of anders zou ik, arm geworden, stelen,
en de Naam van mijn God aantasten.* (Spreuken 30:8-9)

De bede 'Geef ons heden ons dagelijks brood' uit het Onze Vader bevat veel dingen waar we wat van kunnen leren in onze moderne cultuur van overvloed.

Brood (*lechem*) had in Jezus' cultuur een speciale betekenis en dat is vandaag de dag nog steeds zo. Het woord brood stond voor al het voedsel en meer in het algemeen dat God in je levensbehoeften voorziet. Aan het begin van de maaltijd had de zegen die uitgesproken werd voor het brood, (zoals Jezus die uitsprak in Markus 8:6), betrekking op de hele maaltijd. Brood weggooien werd als een zonde beschouwd. Ook vandaag de dag nog hangen mensen in Jeruzalem broodresten in een zak aan de voordeur, zodat arme mensen ze kunnen meenemen. Dit doen ze omdat het delen van brood als een belangrijke religieuze plicht wordt en werd beschouwd (Jesaja 58:7, Spreuken 22:9) en het een zonde was om hongerige mensen geen brood te geven (Job 22:7).

Als we de woorden van Jezus over ons dagelijks brood horen, wijzen die ons op het manna dat in de woestijn werd gegeven, toen God op wonderbaarlijke wijze elke morgen in de behoeften van de Israëlieten voorzag. Ze konden elke dag alleen maar voldoende verzamelen voor die betreffende dag en ze moesten erop vertrouwen dat het wonder zich de volgende ochtend zou herhalen.

Jezus kan ook gezinspeeld hebben op de tekst uit Spreuken 30 (zie de tekst boven dit hoofdstuk), die God alleen maar vraagt om het mij toegewezen deel aan brood (*lechem choeki*), vaak vertaald met dagelijks brood. Het vraagt specifiek om niet te veel te geven! Het herinnert ons eraan dat teveel rijkdom ons God kan doen vergeten, terwijl tegelijkertijd armoede ons tot misdaad kan verlagen. In onze cultuur weten we goed hoe gemakkelijk rijkdom ons het gevoel kan geven dat we God niet nodig hebben.

Terwijl wij er nauwelijks de noodzaak van inzien om voor ons dagelijks brood te bidden, wees een voorganger uit Oeganda ons er op, dat op veel plaatsen in de wereld het 'Geef ons heden ons dagelijks brood' bij de meeste mensen de voortdurende zorg om te overleven uitdrukt. Het grootste deel van de geschiedenis hadden de meeste mensen honger. In de Bijbel was het hebben van voldoende voedsel een zegen van de Heer en dik zijn was een teken van overvloed, hoewel het ook vaak betekende dat verzuimd was om met anderen te delen.

Als we deze woorden bidden, zouden we daarin de les moeten horen dat we op God kunnen vertrouwen voor alles wat we die dag nodig hebben. Als we niet weten waar het brood morgen vandaan moet komen, is het iets om dankbaar voor te zijn, omdat de Heer ons helpt om dichtbij Hem te blijven. We moeten ook openstaan voor anderen die onze hulp nodig hebben, zodat we de handen van God kunnen zijn om hen te geven wat ze nodig hebben.

Vragen bij hoofdstuk 43

1. Toen Jezus werd verzocht in de woestijn (Mattheüs 4:1-11), citeerde Hij Deuteronomium 8:3. Lees Deut. 8:1-3 en bespreek hoe dit grotere gedeelte beschrijft wat ook Jezus heeft ervaren. Wat bedoelde Jezus met 'een mens leeft niet van brood alleen'?
2. Lees Spreuken 22:9 en nog een keer hoofdstuk 14 in dit boek. Ga dieper in op wat deze tekst betekent in het licht van de bredere betekenissen van goed oog en brood. Hoe gehoorzaam jij de opdracht om een goed oog te hebben?
3. Jezus zegt in Johannes 4:32 dat Hij een ander soort voedsel heeft. Lees Johannes 4:31-36. Wat zei Hij hierdoor werkelijk tegen zijn discipelen? Wat kunnen wij daarvan leren?
4. Bijbels gezien is dik zijn een teken van zegen. Waarom zien we dat in onze cultuur juist helemaal anders? Heb je wel eens een probleem gehad met je gewicht, en zo ja, wat zou daar dan een Bijbels antwoord op zijn?

44. Ra

Red ons van het kwaad

En leid ons niet in verzoeking, maar verlos ons van de boze. (HSV)
En breng ons niet in beproeving, maar red ons van het kwaad. (WV)
En stel ons niet op de proef maar verlos ons van de duivel. (GN)
(Mattheüs 6:13)

Deze bede uit het Onze Vader kent verschillende interpretaties en dat is voor veel mensen verwarrend. Sommige vertalingen zeggen: red ons (uit de greep) van het kwaad, terwijl andere zeggen: verlos ons van de boze/de duivel. De vraag is of deze bede betrekking heeft op het kwaad in het algemeen of specifiek op de duivel? En waarom zouden we God vragen om ons niet op de proef te stellen? Omdat Jezus ons opdroeg op deze manier te bidden, hebben we er zeker wat aan om Zijn woorden te verduidelijken.

Een manier om ons begrip te vergroten, is door te kijken naar hoe de zin: 'verlos ons van het kwaad', zowel in de Bijbel als in andere Joodse gebeden wordt gebruikt. In Psalm 121 wordt gezegd:

> *De HERE is uw Bewaarder, de HERE is uw schaduw aan uw rechterhand. De zon zal u overdag niet steken, de maan niet in de nacht. De HERE zal u bewaren voor alle kwaad, uw ziel zal Hij bewaren.* (Psalm 121:5-7)

Hier betekent bewaren voor het kwaad bescherming tegen leed in het algemeen. Jezus zou dus kunnen bedoelen dat we God vragen om ons te beschermen tegen alle leed. Er is echter ook een andere mogelijkheid, die komt uit een Joods gebed dat in de Talmoed staat (die ongeveer 500 jaar na Christus is geschreven). Het zegt: 'Bevrijd mij (…) van een slecht persoon, een slechte metgezel, een slechte wond, een slechte geneigdheid en van Satan, de vernietiger.' Vier keer wordt het Hebreeuwse woord voor kwaad (*ra*) gebruikt en hier is het een smeekbede aan God om de bidder van leed te bevrijden, maar ook van zonde en van mensen die hem zouden aanzetten tot zonde en zelfs van Satan.

Hoe moeten we de bede opvatten die voorafgaat aan 'Verlos ons van de boze', waar staat: 'Leid ons niet in verzoeking?' Dit is een Joodse uitdrukking die het volgende betekent: laat ons niet bezwijken onder de verleiding van zonde. Het trekt een parallel met de daaropvolgende regel: 'Verlos ons van de boze'. Beide zeggen eigenlijk: 'bewaar ons ervoor om kwaad te doen', dat wil zeggen: laat ons niet bezwijken onder de kwade neiging binnenin ons; help ons zonde te vermijden.

Het is waarschijnlijk dat de boodschap die Jezus voor ogen had met deze bede, breed is geweest en veel vormen van kwaad omvatte. We zitten er zeker niet naast als we deze bede begrijpen als: O Heer, help ons om Uw wil te blijven doen en laat ons niet weggeleid worden van Uw pad. Houd ons weg van het kwaad in ons, maar bescherm ons tegen alle leed en ook tegen de spirituele krachten van het kwaad. Het is een alles omvattende smeekbede tot God om ons te beschermen tegen alle kwaad buiten ons, maar ook tegen alle kwaad binnen in ons.

Vragen bij hoofdstuk 44

1. Lees Psalm 121:7 in een paar verschillende Bijbelvertalingen. Wat zijn de verschillen? (De woorden bewaren, beschermen, behoeden, zijn allemaal vertalingen van het Hebreeuwse woord sjamar)
2. Lees Johannes 17:15. Als 'beschermen tegen de duivel' (NBV) een bredere betekenis heeft, hoe vergroot dat de betekenis van dit vers over hoe wij in de wereld leven?
3. Lees Efeziërs 6:12-13. Wat voor kwaad is hier gevaarlijk en hoe kunnen we ons daartegen beschermen?
4. Vaak bidden we God om ons tegen het kwaad dat van buiten komt te beschermen, maar bid je God ooit om je te beschermen tegen het kwaad dat van binnenuit komt? Waartegen zou Hij je dan beschermen?

45. Amen!

Instemming

*Geloofd zij de HERE, de God van Israël, van eeuwigheid tot eeuwigheid;
laat heel het volk zeggen: Amen.* (Psalm 106:48)

Het is interessant om op te merken dat het meest bekende woord op aarde in alle talen het Hebreeuwse woord *amen* is. Joden, christenen en moslims gebruiken bij het bidden allemaal dit woord en het gaat over het algemeen van taal tot taal zonder te veranderen. Zelfs in het Grieks van het Nieuwe Testament werd het Hebreeuwse woord amen met Griekse letters gespeld, in plaats van vertaald te worden met een gelijkwaardig woord in het Grieks.

Het woord amen is verwant aan de Hebreeuwse woorden *emoena* (trouw, geloof, vertrouwen) en *emet* (waarheid). Het betekent zoiets als: Hier stem ik mee in, of Laat het zo zijn. Het werd het hele Oude Testament door als een antwoord gebruikt, zoals wanneer zegeningen of vloeken werden voorgelezen als onderdeel van een verbond en alle mensen amen zeiden. Dit betekende dat de spreker met een eed had ingestemd, die iemand anders voor hem had uitgesproken. Ook bij het zingen van psalmen was het de gewoonte dat de mensen antwoordden met amen. De leider zei geen amen, maar het waren juist de toehoorders die dit zeiden om hun instemming te betuigen met de liturgie die ze hadden gehoord (zie de hierboven geciteerde Bijbeltekst). De Joden bidden vandaag de dag nog steeds op die manier. Nadat de leider het gebed heeft uitgesproken, volgt de gemeente met amen. Hiermee zeggen ze in feite: Ik stem in met dit gebed; laat het ook voor mij zo zijn.

Sommige geleerden geloven dat er onder ons verwarring is ontstaan over het gebruik van het woord amen door Jezus. Hij begon vaak met amen als Hij iets zei en dit is door sommigen gezien als een manier om Zijn eigen woorden te benadrukken. In de Statenvertaling wordt het vertaald met voorwaar, en moderne bijbelvertalingen gebruiken in plaats daarvan de woorden: 'Ik verzeker jullie' (NBV). Experts op het gebied van de Joodse cultuur waarin Jezus leefde, geloven echter dat Jezus het woord amen eigenlijk gebruikte zoals in die tijd gewoon was: als een antwoord op iets anders dat aan Zijn woorden voorafging.

Een voorbeeld hiervan is de keer dat een Romeinse officier (centurio) hulp van Jezus vroeg vanwege zijn ernstig zieke knecht. Toen de centurio Jezus vertelde dat Hij, door slechts een woord te spreken van veraf zou kunnen genezen, antwoordde Jezus daarop: "Amen!" (vertaald als: Voorwaar). Jezus merkte vervolgens op: "Bij niemand in Israël heb Ik zo'n groot geloof gevonden!" (Mattheüs 8:10). Het woord amen was een uitroep van enthousiasme over het geloof van die man, niet slechts een inleiding op Zijn eigen woorden. Een ander voorbeeld: toen Petrus zei dat ze alles achter hadden gelaten om Jezus te volgen, bevestigde Jezus hem met een amen en zei Hij vervolgens dat zij op tronen zouden zitten in Zijn koninkrijk (Mattheüs 19:28). Soms beantwoordde Jezus de woorden van anderen met een luid amen en zei Hij het niet alleen om Zijn eigen woorden te onderstrepen.

Amen is niet alleen het natuurlijke einde van een gebed, het is een manier om te zeggen "Ik ben het er zeer zeker mee eens!" Of we het nu zeggen aan het eind van onze eigen gebeden of het gebruiken om in te stemmen met de gebeden van anderen, mogen onze gebeden onze volmondige instemming hebben en een uiting zijn van ons geloof in Gods antwoorden.

Vragen bij hoofdstuk 45

1. In de Griekse tekst begint Jezus met amen in Mattheüs 18:3 en 19:23. Wat was in deze beide verzen de reden dat Jezus zo krachtig reageerde met amen?
2. Paulus sluit uitspraken vaak af met amen, zelfs middenin een langere brief zoals in Romeinen 1:25 of Efeze 3:21. Wat kan dit woord op deze plekken betekenen als je de Hebreeuwse betekenis en het gebruik kent?
3. Lees 2 Korinthe 1:18-20. Hoe helpt de betekenis van amen je om dat gedeelte te begrijpen?
4. Wat doe je als God jou vraagt om zelf een deel van het antwoord op je gebeden te zijn? Als je God vraagt om een zieke vriend te troosten of iemand die niet gelooft tot Hem te leiden, zou je dan ook niet zélf je zieke vriend moeten bellen en zélf met degene die niet gelooft moeten praten? Wat doe je als amen ja betekent, dat wil zeggen: God dienen in overeenstemming met je gebed?

VII

Hoe dacht men over de Messias?

Jezus zei dat het in de hele Schrift over Hem ging.
Maar wat werd daar verteld? We zullen vaak verbaasd zijn als we horen
wat daar, in die tijd en in die cultuur, over de Messias werd verkondigd.
Ons begrip van Christus zal daardoor onmetelijk verdiept worden.

Koning Salomo schrijft zijn spreuken (pentekening Lilien)

46. Masjiach

Wat betekent 'Christus'?

*En zij begonnen Hem te beschuldigen en zeiden: Wij hebben ontdekt
dat Deze het volk afvallig maakt, en dat Hij verbiedt belasting te betalen
aan de keizer en dat Hij van Zichzelf zegt dat Hij Christus, de Koning, is.*
(Lukas 23:2)

Het is altijd verrijkend om te onderzoeken welke grondwoorden vanuit de originele culturele context door de christelijke kerk zijn overgenomen. Een van de belangrijkste woorden is Christus. Het woord Christus komt van *christos*, een Grieks woord dat gezalfde betekent. Het is de Griekse vertaling van het Hebreeuwse woord *masjiach*, oftewel messias.

Gezalfd worden betekent letterlijk het uitgieten van heilige olie over iemands hoofd, omdat God die persoon voor een speciale taak had uitgekozen. In de Bijbel werden koningen bij hun kroning gezalfd, in plaats van dat hen een kroon werd gegeven (zie 1 Samuël 10:1). Priesters werden ook gezalfd, maar het zelfstandig naamwoord masjiach (de gezalfde) werd eigenlijk altijd gebruikt voor een koning. David bijvoorbeeld noemde koning Saul masjiach (de gezalfde des Heren), zelfs toen Saul hem probeerde te doden (1 Samuël 24:10). De belangrijkste betekenis van het woord Messias of Christus als de gezalfde, was dus die van een door God gekozen koning.

Reeds vanaf het eerste begin verwijzen profetieën al naar een grote koning in Israël (Genesis 49:10). Maar de duidelijkste profetie komt uit de tijd van David zelf, toen God aan David beloofde dat uit zijn nageslacht iemand zou voortkomen wiens koninkrijk geen einde zou kennen:

En het zal gebeuren, wanneer uw dagen voorbij zijn en u heen gaat naar uw vaderen, dat Ik uw nakomeling na u, die een van uw zonen zal zijn, zal doen opstaan, en Ik zal zijn koningschap bevestigen. Die zal voor Mij een huis bouwen, en Ik zal zijn troon voor eeuwig bevestigen. Ik zal hem tot een Vader zijn, en hij zal Mij tot een zoon zijn, en Mijn goedertierenheid zal Ik niet van hem wegnemen, zoals Ik die weggenomen heb van hem die er *vóór u was, maar Ik zal hem in Mijn huis en in Mijn koningschap voor eeuwig stand doen houden, en zijn troon zal voor eeuwig zeker zijn.* (1 Kronieken 17:11-14)

De uitleg van deze profetie is dat deze in eerste instantie door Salomo is vervuld, maar daarna nog veel sterker zijn vervulling heeft in een Zoon van David, die een koninkrijk zonder einde zal hebben. Dit is het begin van alle profetieën over Christus als de Zoon van David.

Ook al kennen we dit cultuurbeeld niet, het staat meerdere keren in de Evangeliën dat Jezus deze grote Koning is, die nu is gekomen. De Wijzen uit het Oosten kwamen om de Koning der Joden te vinden (Matt. 2:2). En tijdens zijn verhoor werd aan Jezus gevraagd: "Bent U de Koning der Joden?". Jezus antwoordde daar bevestigend op:

Toen vroeg Pilatus Hem: U bent de Koning van de Joden? Hij nu antwoordde hem en zei: U zegt het. (Lukas 23:3)

Nu we weten dat het woord Messias of Christus *gezalfde koning* betekent, heeft dat gevolgen voor wat het betekent een christen te zijn. We hebben de neiging ons vast te leggen in leerstellingen en geloofsbelijdenissen, maar alleen al het woord Christus roept ons op tot meer dan dat. Als Christus een koning is, is een christen iemand die Jezus als zijn Koning erkent en zich aan Zijn regering onderwerpt!

Vragen bij hoofdstuk 46

1. Lees 1 Samuël 24:1-20. Hoewel Saul David zelfs wil doden, noemt David hem de gezalfde (masjiach*)* van de HEERE. Wat betekent die titel voor David en hoe behandelt David Saul daarom?
2. In Lukas 4:18 citeerde Jezus Jesaja 61, waar staat dat God iemand heeft gezalfd (masjiach), en zei dat dit over Hem ging. Wat zegt Jezus hier, in het licht van wat het woord masjiach betekent?
3. Lees 1 Koningen 1:33-34, 38-40 en Johannes 12:3-13. Wat zijn de overeenkomsten tussen deze twee gebeurtenissen? Wat is de betekenis van de zalving in de twee verhalen? Wat zou dat kunnen zeggen over Jezus?
4. Als iemand je zou vragen welke status Jezus had toen hij op de aarde kwam, zou je Hem dan een koning noemen? Welke aanwijzingen zijn er dat Jezus Gods gezalfde koning is?

47. Besora

Wat is het goede nieuws?

Hoe welkom is de vreugdebode, die over de bergen komt aangesneld,
die vrede aankondigt en goed nieuws brengt, die redding aankondigt en
tegen Sion zegt: 'Je God is Koning'. (Jesaja 52:7 NBV)

Er is nieuws dat ons leven van de ene op de andere dag kan veranderen, zoals de geboorte van een kind, een ernstige ziekte of ontslag. Het nieuws over het einde van een oorlog of de omverwerping van een onderdrukkend regime kan nieuw leven betekenen voor miljoenen mensen. We denken met grote vreugde terug aan het einde van de Tweede Wereldoorlog, aan de val van de Berlijnse muur en zelfs aan het neerhalen van het standbeeld van Saddam Hoessein. Mensen die tientallen jaren in angst voor marteling en moord hadden geleefd, zeiden dat ze zich herboren voelden. Het was alsof een nachtmerrie plotseling voorbij was en er een nieuwe dag was aangebroken.

Het Hebreeuwse woord *besora*, dat we vertalen als goed nieuws, heeft precies die gevoelswaarde. Het is nieuws van nationaal belang: een overwinning in een oorlog of de opkomst van een krachtige, nieuwe koning. Het woord werd gebruikt in verband met het einde van de ballingschap (Jesaja 52:7) en de komst van de messiaanse Koning (Jesaja 60:1). Vaak is het een bericht dat voor de mensen die het ontvangen een enorme verandering betekent in hun leven.

In het Grieks bestaat er een overeenkomstig woord, *euaggelion*, waar ons woord evangelie van is afgeleid. We vertalen dit Griekse woord als blijde boodschap of goede tijding. Ook dit woord beschrijft nieuws van nationaal belang. In de Bijbel wordt deze term onder andere gebruikt in het verhaal van de engelen die het nieuws over de geboorte van Christus brengen.

De engel zei tegen hen: 'Wees niet bang, want ik kom jullie goed nieuws *brengen,*
dat heel het volk met grote vreugde zal vervullen: vandaag is in de stad van David
voor jullie een redder geboren. Hij is de Messias, de Heer. (Lukas 2:10-11 NBV)

Deze aankondiging lijkt op iets uit die tijd, wat het heel boeiend maakt. In de tijd van Jezus was er namelijk een jaarlijkse aankondiging van de geboortedag van de Romeinse keizer als 'het evangelie voor de hele wereld'. Het Romeinse keizerrijk beschouwde het als geweldig nieuws om mensen te herinneren aan het gezag van deze heerser en zijn regering over de toen bekende wereld. De engelen deden hetzelfde, maar op een veel indrukwekkender manier: door de geboorte van de Koning der Koningen en de komst van een nieuw koninkrijk op aarde met een officiële proclamatie aan alle volken bekend te maken.

Als we zien dat het woord evangeliseren is afgeleid van *euaggelizo* (verwant aan *euaggelion*), kunnen we de ware kracht van het goede nieuws van Christus' komst begrijpen. De overwinning in de oorlog tegen Satan is behaald en Christus, de ware Koning, is aan de macht gekomen. Deze nieuwe Koning is gekomen om mensen op te roepen om Zijn koninkrijk binnen te gaan en om onder Zijn regering te leven. Zoals ook bij de val van een wreed regime, is het woord goed eigenlijk veel te gewoon om de impact van dit nieuws, dat eeuwig leven brengt, uit te drukken. Moge het nieuws over deze Koning overal op aarde verspreid worden!

Vragen bij hoofdstuk 47

1. Lees Jesaja 60:6 en Mattheüs 2:2-11. Hoe vervult het verhaal in Mattheüs de profetie van Jesaja 60 en hoe maakt de komst van de messiaanse Koning als het goede nieuws hier deel van uit?
2. Lees Jesaja 40:3-6 en Lukas 3:2-6. Wie is de vervulling van Jesaja 40:3-6? In Jesaja 40:9 staat dat hij goed nieuws of een goede boodschap (besora) brengt. Over wie gaat het? Lees Jesaja 40:10-11 en les 53.
3. In de evangeliën lezen we in de NBV vaak dat Jezus of anderen het goede nieuws van het koninkrijk verkondigden (bijvoorbeeld in Mattheüs 4:23 en 9:35). Hoe houdt het denkbeeld van *euaggelion* verband met het koninkrijk van God? (zie hoofdstuk 42)
4. Hoe zou je het woord evangelie hebben uitgelegd voordat je dit hoofdstuk had gelezen? Hoe vergroten besora en euaggelion je begrip van de term goed nieuws in de Bijbel? Welk effect heeft dat op de betekenis daarvan?

48. Melech

Een koning naar Gods hart

Ik ben gekomen om hun het leven te geven in al zijn volheid.
(Johannes 10:10b NBV)

De rode draad in het Oude Testament is de belofte van de messiaanse Koning, die eens zal komen om over Israël en de wereld te regeren. Het is niet meteen zo duidelijk hoe deze belofte betrekking heeft op Jezus; tijdens Zijn leven op aarde leek Zijn optreden veel meer op dat van een rabbi, dan op alles wat we van een koning verwachten. Waarom zou een koning alleen maar de Schrift onderwijzen? Daardoor hebben sommigen ten onrechte gezegd dat Hij nooit werkelijk koning werd, maar in de toekomst koning zal worden, hoewel Jezus er duidelijk aanspraak op maakte koning te zijn (Mattheüs 27:11).

Het traditionele Joodse beeld van de messiaanse Koning omvat echter wel dit denkbeeld van de koning als een onderwijzer van de Schrift, hoewel niet erkend wordt dat Jezus de Messias was. Een Joodse uitleg zegt:

De messiaanse koning speelt een unieke rol. Hij is, als eerste burger van de natie, de levende belichaming van de Tora en van hoe de verordeningen en heiligheid daarvan de mens verrijken... Terwijl hij enorme en bijna onbeperkte macht heeft, onderwerpt hij zich aan de wetten van de Schrift, die hij altijd bij zich draagt; hij rust niet voordat zijn volk de strenge maatregelen van de Tora-studie kent en ze zó eerlijk en oprecht in hun persoonlijke en zakelijke leven zijn, dat ze in elke andere natie heilig zouden worden verklaard. Het is de opdracht van de koning om de Tora te beschermen en erop toe te zien dat de mensen die bestuderen en de geboden ervan gehoorzamen. Hij staat ook niet boven de wet; integendeel, het is zijn plicht om een voorbeeld te zijn van nauwgezette naleving van de wetten van de Tora. (1976, Nosson Scherman, uit het *ArtScroll Commentary* bij Ruth, blz. xxxi – xxxiii)

Deze Joodse commentator baseert zijn inzichten in feite op Gods voorschriften voor een koning zoals die beschreven staan in Deuteronomium 17:

> *(…) dan moet u voorzeker hem tot koning over u aanstellen die de HEERE, uw God, verkiezen zal. Verder moet het zó zijn, als hij op de troon van zijn koninkrijk zit, dat hij voor zichzelf op een boekrol een afschrift van deze wet schrijft. (…) Dat moet bij hem zijn en hij moet er alle dagen van zijn leven in lezen om de HEERE, zijn God, te leren vrezen en om alle woorden van deze wet en deze verordeningen in acht te nemen door ze te houden.* (Deuteronomium 17:15a, 18a, 19)

Het idee achter dit Joodse beeld van de Messias is dat God wil dat Zijn Koning als belangrijkste doel heeft God te eren en te gehoorzamen en om ook het volk te leren Hem te gehoorzamen. Hij moet geen glorie willen ontlenen aan zijn eigen kracht en macht, maar doelbewust Zijn volk zo leiden dat ze God gehoorzamen.

Het is fascinerend dat Jezus, de Koning die God koos, deze messiaanse verwachting daadwerkelijk vervulde. Hij leefde Gods wetten nauwgezet na en gebruikte Zijn tijd op aarde vooral om ons te leren hoe we volgens die wetten moeten leven. Door Zijn dood verloste Hij Zijn kinderen en liet hen Zijn koninkrijk binnengaan, maar door Zijn leven leerde Hij ons hoe we kunnen leven zoals het bedoeld was.

Vragen bij hoofdstuk 48

1. Lees Deuteronomium 17:14-20. Welke aspecten van deze voorschriften klinken alsof ze Jezus en Zijn koningschap beschrijven?
2. Lees 1 Samuel 8. Waarom willen de mensen een koning en wat zegt God dat er daardoor zal gebeuren? Lees 2 Kronieken 10:13-14 over de regering van Rehabeam, zoon van Salomo.
3. Lees 1 Koningen 10:23-11:9. Hoe goed voldeed Salomo aan de wetten in Deuteronomium voor een koning?
4. Wat is het verschil tussen Gods Koninkrijk en een aards koninkrijk? Welke invloed heeft dat op hoe jij in je leven over anderen gezag uitoefent?

49. Navi

Een Profeet als Mozes

Toen de mensen dan het teken dat Jezus gedaan had, gezien hadden, zeiden zij: Hij is werkelijk de Profeet, Die in de wereld komen zou. Omdat Jezus nu wist dat zij zouden komen en Hem met geweld mee zouden nemen om Hem koning te maken, trok Hij Zich opnieuw terug op de berg, Hij Zelf alleen. (Johannes 6 : 14-15)

Verschillende keren staat in de Evangeliën dat het Joodse volk zich afvroeg of Johannes de Doper of Jezus 'de Profeet' was. We zouden de conclusie kunnen trekken dat dat alleen maar een misleidende legende uit die tijd was, maar in feite was de titel 'de Profeet' een van de titels die gebruikt werd om de verwachte Messias aan te duiden! Dit was gebaseerd op een tekst uit Deuteronomium die in Jezus' tijd als messiaans werd beschouwd:

Toen zei de HEERE tegen mij [Mozes]: "...Ik zal een Profeet voor hen doen opstaan uit het midden van hun broeders, zoals u. Ik zal Mijn woorden in Zijn mond geven, en alles wat Ik Hem gebied, zal Hij tot hen spreken. En met de man die niet naar Mijn woorden luistert, die Hij in Mijn Naam spreekt, zal het zó zijn: Ík zal rekenschap van hem eisen." (Deuteronomium 18:17-19)

Op het eerste gezicht lijkt deze tekst over Jozua te gaan, die Mozes opvolgde, maar aan het einde van Deuteronomium staat: *"En er is in Israël geen profeet meer opgestaan zoals Mozes, die de HEERE kende van aangezicht tot aangezicht."* (Deuteronomium 34:10)

Omdat Mozes de grootste profeet aller tijden was, begreep men dat alleen De Messias dichter bij God zou leven of meer autoriteit dan Mozes zou hebben.

In het Nieuwe Testament lezen we vaak toespelingen op Deuteronomium 18. Petrus haalde het aan toen hij tot het Sanhedrin over Christus sprak (Handelingen 3:22-23) en Stefanus deed dat ook (Handelingen 7:37). In het verhaal van de spijziging van de vijfduizend wordt Jezus de Profeet genoemd, omdat Hij op een wonderbaarlijke manier voor voedsel had gezorgd, zoals Mozes in de woestijn had gedaan, Dat leek Jezus te hebben herhaald door voor een soort manna te zorgen (Johannes 6:14-15). Het volk wilde Jezus koning maken zodat Hij hen net als Mozes uit de politieke slavernij zou leiden.

Het is interessant om de parallellen tussen Mozes en Jezus te ontdekken. Mozes deed wonderen om het volk uit Egypte te bevrijden en met Gods hulp bevrijdde hij hen uit de slavernij. Hij bemiddelde in het verbond op de berg Sinaï en sprak namens God in het geven van hun Schrift, de Tora. Op zijn verzoek gaf God hen manna en toen hij op de rots sloeg, gaf God hen water.

Jezus deed ook wonderen en sprak namens God op een unieke, krachtige en gezaghebbende manier. Hij gaf de mensen levend water en het brood des levens: Zichzelf. Het meest in het oog springende is dat Christus net zoals Mozes bemiddelde in een nieuw verbond tussen God en mensen. Aan iedereen die in Hem gelooft, biedt Hij vrijheid uit de sterkste gebondenheid - van zonde en dood - en daardoor mag je eeuwig bij God zijn.

Vragen bij hoofdstuk 49

1. Lees Deuteronomium 18:18-19. Hier staat: "Wie niet wil *luisteren*......"(NBV) Het woord dat hier in het Hebreeuws gebruikt wordt, is *sjema*. Kijk nog even naar hoofdstuk 1; welke extra betekenis kan dit woord hier dan volgens jou hebben?
2. Lees Johannes 6:30-51. Hoe helpt het nadenken over Mozes je om deze tekst te begrijpen?
3. Lees Johannes 1:19-27 samen met Maleachi 4:5-6 en Jesaja 40:1-12. Leg uit waar het gesprek over gaat.
4. Heeft Christus je bevrijd van een gebondenheid in je leven, zoals Mozes de Israëlieten bevrijdde? Op welke manier(en) zie je Christus als je bevrijder?

50. Ani

De lijdende Koning

Jubel luide, gij dochter van Sion; juich, gij dochter van Jeruzalem!
Zie, uw koning komt tot u, hij is rechtvaardig en zegevierend, nederig, *en rijdende*
op een ezel, op een ezelshengst, een ezelinnejong. (Zacharia 9:9 NBG)

De bovenstaande tekst uit Zacharia verwijst duidelijk naar de triomfantelijke intocht van Jezus toen Hij op een ezel Jeruzalem binnen reed. Een belangrijk aspect is dat de koning op een ezel reed en niet op een paard, wat met oorlog geassocieerd zou worden. Deze koning was gekomen om in vrede te regeren, niet om oorlog te voeren.

Het is prachtig om de diepe waarheid van deze profetie te zien door naar de bredere betekenis van de Hebreeuwse woorden te kijken. Eén woord in het bijzonder is fascinerend doordat het het ware karakter van Jezus onthult. Dit woord, dat in de meeste vertalingen wordt vertaald als mild of nederig, is het Hebreeuwse woord *ani*. Dit woord kan mild, zachtmoedig of bescheiden betekenen en het past heel goed bij het beeld van Jezus, die op een ezel rijdt in plaats van op een strijdros.

Het is echter interessant dat andere, meer gebruikelijke vertalingen van ani ook licht werpen op de triomfantelijke intocht. Een van de betekenissen die heel vaak voorkomt, is arm. In Jezus' leven was ook deze betekenis volkomen waar: "De vossen hebben holen, en de vogels in de lucht nesten, maar de Zoon des mensen heeft niets waarop Hij het hoofd kan neerleggen" (Mattheüs 8:20). Jezus bezat slechts één set kleren en Hij had geen huis, vrouw of gezin. Hij moest zelfs een ezel lenen voor Zijn triomftocht! Omdat Hij op aarde geen rijkdom en glorie had, ontgaat het veel mensen dat Hij Koning was en is.

Een andere, gebruikelijke vertaling voor ani is verdrietig, gekweld, in ellende, of bedroefd. Als we Zacharia 9:9 lezen in het licht van deze betekenissen, zien we dat die ook slaan op Jezus toen Hij Jeruzalem binnenging. In Lukas lezen we:

Toen hij Jeruzalem voor zich zag liggen, begon hij te huilen over het lot van de stad. Hij zei: 'Had ook jij op deze dag maar geweten wat vrede kan brengen! Maar dat blijft voor je verborgen, ook nu. (Lukas 19:41-42 NBV)

Is het niet fascinerend om de ware diepte van deze tekst te zien? Iemand die Nederlands spreekt, zou zich kunnen afvragen: welke betekenis is nu de juiste? Hij realiseert zich niet dat dit Hebreeuwse woord *al* deze betekenissen bevat en dat die in deze tekst allemaal een ware beschrijving vormen van Jezus' intocht in Jeruzalem. Dit ene woord van Zacharia profeteerde op een poëtische manier dat Jeruzalems Koning in vrede zou komen: mild, nederig en arm, met slechts één set kleren en zonder prachtige gewaden. Ook zou Hij bij Zijn komst treuren en diep verdriet hebben over Zijn stad, die niet herkende dat de ware Koning op dat moment haar poorten was binnengekomen.

Vragen bij hoofdstuk 50

1. In Bijbelse tijden werden paarden alleen maar gebruikt tijdens oorlogen en voor militair machtsvertoon. Ze werden nooit door boeren gebruikt of als vervoermiddel. Welke invloed heeft dat op de manier waarop je Deuteronomium 17:16, 1 Koningen 1:5 en Psalm 20:7 leest?
2. Hetzelfde woord anav, dat ook bescheiden, arm en nederig betekent, is gebruikt in Deuteronomium 8:2-3. Lees dat gedeelte, evenals Lukas 4:2-4. De Israëlieten en ook Jezus ondergingen deze beproeving in de woestijn. Wat werd door deze beproeving duidelijk?
3. Het woord anav is in Jesaja 53:4 en 7 ook gebruikt om de uitverkoren dienaar van God te beschrijven. Hoe is die beschrijving op Jezus van toepassing?
4. Paulus schrijft dat God het zwakke en het nederige tot Zijn glorie gebruikt. Lees 1 Korinthe 1:27 en 2 Korinthe 12:10. Welke zwakheden en welk lijden heeft God in jouw leven, of in dat van iemand anders, gebruikt om Zijn glorie te laten zien?

51. Go'el

Onze Losser

…..weet u niet dat u niet van uzelf bent? U bent gekocht en betaald ……
(1 Korinthe 6:19b-20a NBV)

Vaak spreken we over Jezus als onze Verlosser, maar de meesten van ons begrijpen weinig van het culturele plaatje dat achter dit woord zit. Het is een krachtig beeld van wat Hij voor ons heeft gedaan.

Omdat er in de oudheid geen verzekeringen, pensioenen en overheidssteun waren, hadden mensen maar één plek waar ze in geval van nood naar toe konden: hun familie. Beter gezegd, een naast familielid was verplicht om als 'losser' op te treden. Als iemand uit armoede zijn land moest verkopen, zou zijn losser het kopen om het in de familie te houden. Als iemand zichzelf als slaaf moest verkopen, vaak vanwege schulden, zou iemand uit zijn familie hem vrijkopen. Het is belangrijk om te weten dat zodra iemand verlost was, doordat hij gekocht was, zijn relatie tot zijn losser veranderde. Vanaf dat moment had hij een speciale band met zijn losser en werd hij van hem, maar dan als een gezinslid, niet als een slaaf. Een voorbeeld hiervan is toen Boaz als familielid losser werd voor Ruth. In de Bijbel staat dat hij haar 'kocht' en ze zijn vrouw werd (Ruth 4:5-13; vers 10 in de WV begint met: 'Bij deze koop is Ruth ingesloten…'). God gebruikte dit beeld toen Hij tegen Israël zei:

> *… Ik ben de HEER. Ik zal de last die de Egyptenaren jullie opleggen van je afnemen, ik zal jullie uit je slavenbestaan bevrijden. Met opgeheven arm zal ik jullie verlossen en de Egyptenaren zwaar straffen. Ik zal jullie aannemen als mijn volk, en ik zal jullie God zijn…* (Exodus 6:6-7a NBV)

God zegt hier dat Hij hen zou verlossen zoals een losser uit de naaste familie, door hen als Zijn eigen volk te kopen. Door dit te doen maakte Hij hen onvervreemdbaar de Zijne en Hij zou hun God zijn. God begon Zijn relatie met Israël door hun losser te zijn, net zoals Boaz dat was voor Ruth.

Tijdens het Laatste Avondmaal, een Pesachmaal waarmee de verlossing van Israël wordt gevierd, hief Jezus de beker met wijn omhoog die de 'Beker der Verlossing' wordt genoemd en verwees daarmee naar Zijn bloed, dat vergoten zou worden om ons als Zijn volk te verlossen. Jezus legde uit hoe Hij ons, door zijn verzoenende dood, zou 'kopen' om ons uit de slavernij van zonde en dood te bevrijden. Door deze daad zijn wij in een nieuwe relatie met Hem als zijn verbondsvolk komen te staan. Zijn discipelen beschreven Zijn verzoenende 'koop' van ons als volgt:

> *U weet immers dat u niet met zoiets vergankelijks als zilver of goud bent vrijgekocht uit het zinloze leven dat u van uw voorouders had geërfd, maar met kostbaar bloed, van een lam zonder smet of gebrek, van Christus.* (1 Petrus 1:18,19 NBV)

Prijs de Heer voor de grote 'aankoop' die Hij tweeduizend jaar geleden deed, toen de beker van het lijden de beker van de verlossing werd! Dat zou ons enthousiast moeten maken om onze losser te dienen, Christus de Heer.

Vragen bij hoofdstuk 51

1. Lees Ruth 4:1-12. Wat voor invloed had het lossen op het leven van Naomi en Ruth, toen Boaz voor hen optrad als losser?
2. Lees 1 Petrus 1:17-19 nog een keer. Lees ook over het Pascha/Pesachmaal in Egypte in Exodus 12:1-13 en over de functie van het lam en het bloed aan de deurposten. Hoe helpt dit je de beeldspraak te begrijpen van Jezus als ons Paaslam?
3. In Openbaring 19:7-9 wordt gesproken over de 'bruiloft van de bruid en het Lam'. Hoe begrijp je de betekenis van dit beeld beter, als je de beeldspraak van het lossen en de losser kent?
4. Lees 1 Korintiërs 6:19-20, waar staat dat wij gekocht zijn. Wat zijn volgens Paulus hiervan de gevolgen voor hoe we moeten leven? Wat voor invloed heeft dat op hoe jij zelf leeft?

52. Immanuel

God met ons

En het Woord is vlees geworden en heeft onder ons gewoond (en wij hebben Zijn heerlijkheid gezien, een heerlijkheid als van de Eniggeborene van de Vader), vol van genade en waarheid. (Johannes 1:14)

Als we het Kerstverhaal lezen, is alle aandacht erop gericht dat God in Jezus Christus bij ons kwam wonen. We zien het als een wonder dat God een korte tijd naar de onaanzienlijke mensenwereld wilde afdalen. De rest van de Bijbel laat ons echter zien dat dit Gods doel is geweest vanaf het eerste begin van Genesis tot en met de episode waarmee Openbaring eindigt.

De eerste man en vrouw leefden in de Hof van Eden met God heel dichtbij hen, maar nadat ze gezondigd hadden, werden ze verdreven uit Gods tegenwoordigheid. Dit is het wezenlijke gevolg van zonde: het verbreken van de intimiteit met God. God begon echter onmiddellijk de breuk te herstellen door een verbond te sluiten met Abraham en later met Israël.

Bij de verbondssluiting op de Sinaï vindt er een gebeurtenis plaats die een prachtige gemeenschap tussen God en mensen laat zien; een gebeurtenis waarvan de waarde ons wat is ontgaan. Voordat het verbond met Israël op welke manier dan ook verbroken was, konden zeventig oudsten voor Gods aangezicht verschijnen en de verbondsmaaltijd eten, zonder dat hen wat overkwam:

Vervolgens klommen Mozes en Aäron naar boven, en ook Nadab en Abihu met zeventig van de oudsten van Israël. En zij zagen de God van Israël. (...) Hij strekte Zijn hand niet uit naar de aanzienlijken van de Israëlieten. Nadat ze God gezien hadden, aten en dronken zij. (Exodus 24:9-11)

God was begonnen met het herstellen van de relatie tussen de mensen en Zichzelf, zelfs al was het beperkt tot slechts zeventig en alleen voor een korte tijd. Daarna gaf Hij de Israëlieten instructies voor het maken van een tabernakel, met de woorden:

"En zij moeten voor Mij een heiligdom maken, zodat Ik *in hun midden* kan wonen" (Exodus 25:8). Het is interessant dat het niet Zijn doel was om daarin te wonen, maar om in hun midden te wonen. Dit wijst vooruit naar Gods uiteindelijke doel zoals in Openbaring staat: te midden van Zijn volk aanwezig te zijn.

> *En ik hoorde een luide stem uit de hemel zeggen: "Zie, de tent van God is bij de mensen en Hij zal bij hen wonen, en zij zullen Zijn volk zijn, en God Zelf zal bij hen zijn en hun God zijn. En God zal alle tranen van hun ogen afwissen, en de dood zal er niet meer zijn; ook geen rouw, jammerklacht of moeite zal er meer zijn. Want de eerste dingen zijn voorbijgegaan.* (Openbaring 21:3-4)

De komst van Christus op aarde is zowel een beeld van Gods ultieme doel, als het middel om dat doel te bereiken. In Christus wandelde, lachte en huilde God met Zijn volk en toonde Hij hen Zijn grote liefde. Door voor hun zonden te sterven, nam God de ergste menselijke ervaringen op Zich en was Hij op een innige manier bij hen in hun diepste verdriet. Door Zijn verzoening opende Hij de deur voor ons naar het eeuwige leven in Zijn tegenwoordigheid. Zo heeft God Zijn doel om voor altijd te midden van Zijn volk te wonen, volledig bereikt.

Vragen bij hoofdstuk 52

1. Veranderde bij Kaïn de rechtstreekse aanwezigheid van God na zijn misdaad? (Genesis 4:14-16) Welke overeenkomsten zie je hierin met de straf van Adam en Eva?
2. Lees Exodus 33:1-16, waarin de breuk wordt beschreven in de relatie van God met Israël vanwege hun zonde. Wat gebeurt er als je kijkt naar de aanwezigheid van God in hun midden?
3. Nadab en Abihu waren aanwezig bij het hemelse feestmaal, zij aten en dronken in de tegenwoordigheid van God (Exodus 24:9-11). In Leviticus 10:1-3 staat echter dat zij op een ongeoorloofde manier in de tegenwoordigheid van God kwamen. Welk verschil zie je in de reactie van God? Onder welke omstandigheden is het veilig om in de tegenwoordigheid van God te zijn?
4. Lees Hebreeën 10:19-23. Hoe kunnen we in de tegenwoordigheid van God komen en weten dat we daar veilig zijn?

VIII

De krachtige woorden van Jezus

Veel woorden en uitdrukkingen die Jezus gebruikte, klinken voor ons misschien vreemd. Hij sprak over Zichzelf als de 'Mensenzoon' en de 'Goede Herder', Hij omringde Zich met leerlingen en sprak in gelijkenissen; allemaal dingen die niet bij onze manier van leven horen.
Door de cultuur waarin Jezus leefde en de Schriften zoals Hij die kende te begrijpen, kunnen we nieuw zicht krijgen op de krachtige woorden die Jezus voor ons leven heeft.

Een herder in het bergland van Judea (pentekening Lilien)

53. Ro'ee

De Grote Herder

Zoals een herder naar zijn kudde op zoek gaat als zijn dieren verstrooid zijn geraakt, zo zal ik naar mijn schapen op zoek gaan en ze redden.
(Ezechiël 34:12a NBV)

Jezus gebruikt veel rijke beelden om zijn missie duidelijk te maken. Soms kunnen we die niet helemaal bevatten, omdat we ons er niet van bewust zijn dat Hij Zijn onderwijs baseerde op verwijzingen naar de Schrift, ons Oude Testament. Een voorbeeld hiervan is wanneer Hij zegt:

Ik ben de goede Herder; de goede herder geeft zijn leven voor de schapen.
(Johannes 10:11)

Wij zouden kunnen denken dat de goede herder alleen maar een warm, liefdevol beeld is, maar de toehoorders van Jezus waren geschokt door deze toespeling. De Joden in Jezus' tijd kenden de Schrift goed en wisten dat veel teksten uit de Schrift de Messias als herder beschreven. Een van de sleutelteksten is Jesaja 40:

Een stem van iemand die roept in de woestijn: "Bereid de weg van de HEERE, maak recht in de wildernis een gebaande weg voor onze God...."
Zie, de Heere HEERE! Met kracht zal Hij komen, en Zijn arm zal heersen. Zie, Zijn loon heeft Hij bij Zich, Zijn arbeidsloon gaat voor Hem uit. Als een herder zal Hij Zijn kudde weiden: Hij zal de lammetjes in Zijn armen bijeenbrengen en in Zijn schoot dragen; de zogenden zal Hij zachtjes leiden. (Jesaja 40:3, 10-11)

De Evangeliën vertellen ons dat de 'stem van iemand die roept in de woestijn' Johannes de Doper is (Mattheüs 3:3). Mensen die geloofden dat Johannes de boodschapper was die aan de Messias voorafging, begrepen waarom Jezus Zichzelf de herder noemde: Jezus bevestigde hiermee dat Hij de Messias was. Nog belangrijker: de herder is God de HEER, God Zélf! Veel profetieën over de Messias beschrijven een grote koning (Genesis 49:10) of een lijdende knecht (Jesaja 53), maar beschrijven

Hem niet als goddelijk. Echter, in meer dan één tekst in de Schrift is de herder-Messias God zelf. In Ezechiël 34 staat:

> *Dit zegt God, de HEER: Ik zal zelf naar mijn schapen omzien en zelf voor ze zorgen. Zoals een herder naar zijn kudde op zoek gaat als zijn dieren verstrooid zijn geraakt, zo zal ik naar mijn schapen op zoek gaan en ze redden, uit alle plaatsen waarheen ze zijn verdreven op een dag van dreigende, donkere wolken.*
> *Ikzelf zal mijn schapen weiden en ze laten rusten – spreekt God, de HEER. Ik zal naar verdwaalde dieren op zoek gaan, verjaagde dieren terughalen, gewonde dieren verbinden, zieke dieren gezond maken – maar de vette en sterke dieren zal ik doden. Ik zal ze weiden zoals het moet. Wat jullie betreft, mijn schapen, dit zegt God, de HEER: Ik zal rechtspreken tussen het ene schaap en het andere, tussen rammen en bokken.* (Ezechiël 34:11-12, 15-17 NBV)

Jezus past dit tekstgedeelte vaak vrijmoedig op Zichzelf toe. We kunnen dit zien in de gelijkenis van Jezus over de herder die de negenennegentig schapen verlaat om dat ene verloren schaap te zoeken (Lukas 15:4-7). We kunnen dit ook zien in de manier waarop Jezus over de schapen en bokken zal oordelen als Hij terugkomt (Mattheüs 25:31-34).

In deze tekst uit Ezechiël staat ook dat God Zélf als de herder zal komen, en Jezus zegt dat Hij de vervulling van deze woorden is. Door deze toespelingen zullen Jezus' toehoorders Zijn krachtige claim hebben gehoord dat Hij niet alleen de Messias, maar de vleesgeworden God was, naar de aarde gekomen om Zijn volk te redden!

Vragen bij hoofdstuk 53

1. Lees Micha 5:1-5. Wat wordt hier gezegd over de toekomstige Herder Messias?
2. Lees Jeremia 23:1-6. Wie zijn de slechte herders? (Zie Jeremia 22:1-5.) Wie zal de kudde bijeenbrengen? Wie is de koning?
3. Lees Zacharia 13:7 en Mattheüs 26:31. Wat zeggen deze teksten over de herder en hoe past Jezus dit op Zichzelf toe?
4. Hoe verandert het lezen van deze beschrijvingen van de messiaanse Herder jouw beeld van Jezus? Heb je hierdoor meer inzicht in Zijn missie gekregen?

54. Ben Adam

De Mensenzoon

(...) dan zullen ze op een wolk de Mensenzoon zien komen, bekleed met macht en grote luister. (Lukas 21:27 NBV)

Eén van de titels waarmee Jezus Zichzelf vaak beschreef is de Mensenzoon. We zouden kunnen denken dat Jezus hiermee Zijn mens-zijn benadrukte, wat in sommige gevallen waar kan zijn. Het is echter interessant dat de benaming Mensenzoon in Joodse teksten uit de tijd van Jezus, één van de krachtigste namen van de Messias was die de mensen kenden! Die was gebaseerd op een gedeelte uit Daniël 7:

Ik keek toe in de nachtvisioenen, en zie, er kwam met de wolken van de hemel Iemand als een Mensenzoon.
Hij kwam tot de Oude van dagen en men deed Hem voor Zijn aangezicht naderbij komen. (Daniël 7:13-14)

Dit gedeelte spreekt over de messiaanse Koning die een koninkrijk zonder einde zou hebben, zoals God tegen Koning David had gezgd (2 Samuël 7:13). De profeet Daniël zag in een visioen dat het messiaanse koninkrijk het uiteindelijke koninkrijk zou zijn, dat alle andere zou overwinnen. Dit gedeelte schildert het moment dat de grote Koning op de wolken komt om Zijn troon te bestijgen en de heerschappij over de hele schepping te ontvangen. Als we kijken hoe Jezus de benaming Mensenzoon gebruikte, zien we dat Hij dit vaak gebruikte in verband met Zijn wederkomst op de wolken in heerlijkheid.

Dan zal aan de hemel het teken zichtbaar worden dat de komst van de Mensenzoon aankondigt, en alle stammen op aarde zullen zich van ontzetting op de borst slaan als ze de Mensenzoon zien komen op de wolken van de hemel, bekleed met macht en grote luister. (Mattheüs 24:30 NBV)

Hoewel Jezus deze term vaak gebruikte, komt het verder in het Nieuwe Testament zelden voor dat anderen Hem zo noemen. Als deze bewoording wordt gebruikt, gebeurt dat meestal in verband met een visioen over Jezus als de glorierijke Messias over wie Daniël 7 spreekt. Een voorbeeld: vlak voordat Stefanus door steniging stierf, keek hij omhoog en zei: "Ik zie de hemel geopend en de Mensenzoon, die aan Gods rechterhand staat" (Handelingen 7:56 NBV). In Johannes' visioen in Openbaring staat:

> *En ik keerde mij om, om de stem te zien die met mij had gesproken. En toen ik mij had omgekeerd, zag ik zeven gouden kandelaren. En te midden van de zeven kandelaren zag ik Iemand Die op de Zoon des mensen leek, gekleed in een gewaad tot op de voeten, en op de borst omgord met een gouden gordel.* (Openbaring 1:12-13)

Het visioen van de Mensenzoon in het boek Daniël stond dus centraal in wat Jezus zei over Zijn eigen toekomst. In het Nieuwe Testament was het een prominent beeld van de uiteindelijke glorie van Christus. Dit laat zien dat Jezus Zichzelf niet alleen maar als een nederig mens beschouwde. Het belangrijkste is dat het zinspeelt op het feit dat, hoewel Hij voor een tijd mens werd, Hij in werkelijkheid iemand was 'als een Mensenzoon' en nog veel meer dan mens - de vleesgeworden God.

Vragen bij hoofdstuk 54

1. De uitdrukking Mensenzoon is voor ons tegenstrijdig, omdat het verwijst naar de glorieuze koning in Daniël 7, maar omdat het ook een gewoon mens betekent. Welke betekenis heeft mensenzoon (in de Nederlandse vertalingen 'mensenkind') in Job 25:6, Psalm 144:3 en Jesaja 51:12? Hoe is dit van toepassing op Jezus?
2. Het beeld in Daniël 7 is in werkelijkheid dat van een koning die aan de macht komt en die recht mag spreken. Hoe zie je Jezus dat doen in Mattheüs 25:31 en Johannes 5:27? Heeft dat invloed op de manier waarop je Mattheüs 9:6 leest?
3. Lees Mattheüs 26:63-64, waar Jezus door de hogepriester wordt ondervraagd. Waarom krijgen die woorden grote kracht als je weet dat Jezus zinspeelt op Daniël 7:13-14?
4. Wat betekent het voor jou dat Jezus echt volkomen menselijk was? Welke betekenis heeft dat voor Hem, nu als onze Koning en straks als Rechter?

55. Talmied

Maak veel leerlingen

Ga dus op weg en maak alle volken tot mijn leerlingen, door hen te dopen in de naam van de Vader en de Zoon en de heilige Geest, en hun te leren dat ze zich moeten houden aan alles wat ik jullie opgedragen heb. En houd dit voor ogen: ik ben met jullie, alle dagen, tot aan de voltooiing van deze wereld. (Matteüs 28:19-20 NBV)

De laatste woorden van Jezus worden de Grote Opdracht genoemd: "Maak alle volken tot mijn leerlingen" (of discipelen). Wat is een leerling (*talmied*) eigenlijk? Jezus' methode om discipelen te onderwijzen was een bijzonder kenmerk van Zijn Joodse cultuur. Door meer te leren over deze praktijk kunnen we vernieuwende inzichten opdoen over hoe we de opdracht van Jezus moeten vervullen.

Jezus leefde in een diep religieuze cultuur waarin het begrijpen van de Bijbel hoog werd aangeschreven. Rabbi's werden zeer gerespecteerd en het was een eer om leerling te zijn van een bekende rabbi. Van rabbi's werd verwacht dat ze niet alleen gedegen kennis van de Bijbel hadden, maar ook dat ze door hun leefwijze een voorbeeld waren van leven volgens de Schrift. Het doel van een leerling was zich de kennis van de rabbi eigen te maken, maar het was nog belangrijker om hetzelfde karakter te krijgen. Van een discipel werd verwacht dat hij, volwassen geworden, de lessen van zijn rabbi zou doorgeven, zijn eigen opvattingen daaraan toe zou voegen en zelf leerlingen zou maken.

Van een discipel werd verwacht dat hij zijn familie en werk zou verlaten om de rabbi in zijn strikte levensstijl te volgen. Discipelen waren vierentwintig uur per dag bij de rabbi, terwijl ze van stad tot stad liepen, onderwijzend, werkend, etend en studerend. Ze bespraken de Schrift en pasten die op hun leven toe. Er werd ook van discipelen verwacht dat zich zouden onderwerpen aan het gezag van de rabbi terwijl zij hem dienden in alles wat hij nodig had. Het woord rabbi betekent dan ook 'mijn meester' en was een uiting van groot respect.

De relatie van een rabbi met zijn discipel was heel hecht. Een rabbi werd beschouwd als een vader voor zijn discipelen (zie hoofdstuk 33). Toen Petrus zei: "Al zou ik met u moeten sterven, verloochenen zal ik u nooit!" liet hij de diepe liefde zien die leerlingen voor hun rabbi hadden (Mattheüs 26:35). Het verraad van Judas daarentegen was ondenkbaar, zelfs als Jezus niet de Messias geweest zou zijn. De bewering van Jezus dat Zijn leerlingen alles moesten achterlaten om Hem te volgen, werd in Zijn cultuur niet als uitzonderlijk gezien.

Jezus' Hebreeuwse lesmethode geeft ons een nieuw beeld van onze roeping als christen. Onze focus ligt vaak op kennisoverdracht en niet op het voorleven aan anderen van leven zoals Jezus. Hoewel het belangrijk is om de waarheid te onderwijzen, omvat Jezus' methode van discipelschap veel meer dan dat. Hij leefde met zijn leerlingen om hen te laten zien wat ze moesten doen om op Hem te lijken. Daarna gingen zij er op uit en maakten zelf discipelen, onderwezen hen en deden hun best om een voorbeeld voor hen te zijn. Het Koninkrijk van God is in eerste instantie gebouwd op deze hechte relaties van leren, voorleven en onderwijzen.

Door deze methode van discipelschap zien we dat Jezus niet alleen ons verstand wil gebruiken, Hij wil ook ons hart en ons leven. Dan wordt onze passie om Hem te volgen een sterk getuigenis voor Hem, wat anderen inspireert om hetzelfde te doen.

Vragen bij hoofdstuk 55

1. Lees 1 Koningen 19:19-21 en Lukas 9:61-62. In de tijd van Jezus werd Elisa als een model discipel beschouwd. Wat voor indrukwekkends deed Elisa hier en hoe verwees Jezus daarnaar in Lukas 9:61-62?
2. Van discipelen werd verwacht dat ze de knecht van hun rabbi waren en dat ze voor hem zouden zorgen. Lees Johannes 13:2-16 en Mattheüs 23:8-12. Hoe verrijkt deze informatie de betekenis van deze teksten?
3. Ook Paulus gebruikte de rabbijnse methode van discipelschap toen hij het evangelie onder de volken verspreidde. Lees 1 Korinthe 4:14-17. Op welke manier gebruikt Paulus deze methode om discipelen van de Korintiërs te maken?
4. Welke inzichten geeft dit voorbeeld uit de eerste eeuw na Christus je over hoe wij discipelen kunnen maken? Van welke persoon in jouw omgeving maak jij een discipel en wie maakt jou tot een discipel?

56. Ve'Ahavta

God en je naaste liefhebben

Jezus zei tegen hem: U zult de Heere, uw God, liefhebben met heel uw hart, met heel uw ziel en met heel uw verstand. Dit is het eerste en het grote gebod. En het tweede, hieraan gelijk, is: U zult uw naaste liefhebben als uzelf. Aan deze twee geboden hangt heel de Wet, en de Profeten. (Mattheüs 22:37-40)

"U zult uw naaste liefhebben als uzelf" Deze uitspraak van Jezus is duidelijk een voortreffelijk voorschrift voor ons leven, maar deze opdracht zal zelfs nog dieper worden wanneer we meer leren over de context van die woorden.

Het zal ons misschien verbazen dat zelfs al vóór Jezus' tijd alle Joodse rabbi's de opdracht 'u moet uw naaste liefhebben' erg belangrijk vonden. Zij hadden gezien dat in deze opdracht het Hebreeuwse woord *ve'ahavta* staat (dat betekent: en u zult liefhebben) evenals in de opdracht in Deuteronomium 6:5: '*Heb* daarom de HEER, uw God, *lief* met hart en ziel en met inzet van al uw krachten.'
Zij hanteerden de regel dat een bepaalde tekst de betekenis van een andere tekst kon uitbreiden: als we de Heer onze God met heel ons hart liefhebben, zullen we dit tonen door onze naaste lief te hebben.

We horen soms preken waarbij wordt verteld dat we zouden moeten leren om van onszelf te houden, zodat we ook van anderen kunnen houden. Het Hebreeuws van Leviticus 19:18 waar deze opdracht wordt gegeven, kan echter ook op een iets andere manier worden geïnterpreteerd: Heb uw naaste lief die is zoals u.

> *U mag geen wraak nemen of een wrok koesteren tegen uw volksgenoten, maar u moet uw naaste liefhebben als (of: die is als) uzelf. Ik ben de HEERE.* (Leviticus 19:18)

We moeten begrijpen dat als we beseffen dat onze zonden net zo schuldig zijn als die van onze naasten, we hen niet kunnen haten vanwege hun zonden. Een leraar die 180 jaar vóór Jezus leefde, zei:

Vergeef je naaste het onrecht dat hij deed, dan worden, als je bidt, ook jou je zonden vergeven. Hoe kan een mens die woede koestert tegen een ander bij de Heer om verzoening vragen? Hoe kan een mens die geen erbarmen heeft met een ander om vergeving voor zijn eigen zonden bidden? (Sirach* 28:2-4 NBV)

Het horen van de woorden "Heb uw naaste lief, die is zoals u" zal Jezus' toehoorders eraan herinnerd hebben dat alle mensen fouten maken en zondig zijn, maar dat ze liefde zouden moeten tonen aan de ander, omdat zij ook aan dezelfde zonden lijden. We zijn allemaal even onwaardig en ieder van ons heeft Gods genade nodig.

We moeten het traditionele begrip dat we anderen echt net zo lief moeten hebben als onszelf, niet verliezen. We moeten ons echter ook realiseren dat we niet de meeste liefde tonen aan mensen waar dat gemakkelijk bij is, maar juist bij mensen die we niet mogen. Dan moeten we hen vergeven, ons realiserend dat ze net zoals ons zijn.

Vragen bij hoofdstuk 56

1. Lees Lukas 10:25-37. Nadat de twee opdrachten over liefhebben waren genoemd in vers 27, vertelde Jezus een gelijkenis waarin er een keuze was om God lief te hebben door naar de tempel gaan om Hem als priester of Leviet te dienen, of om te stoppen en de naaste lief te hebben zoals de Samaritaan deed. Welke keuze liet de ware liefde voor God zien?
2. Lees Leviticus 19:34. Als de opdracht over de vreemdeling wordt gelezen als 'hou van hem *als iemand die is zoals jij*' in plaats van 'hou van hem *zoals je van jezelf houdt*', hoe verandert dat het begrijpen van deze tekst? Hoe werpt dat licht op hoe we Leviticus 19:18 lezen?
3. In het Onze Vader bidden we: "En vergeef ons onze schulden, zoals ook wij onze schuldenaren vergeven." Hoe houdt dat verband met de gedachte dat we onze naaste, die net als ons is, moeten liefhebben?
4. Denk aan iemand die je veel pijn heeft gedaan, of aan iemand waar je een erge hekel aan hebt. Op welke manier is hij of zij net zoals jij? Hoe verandert dat je gevoelens voor deze persoon?

---

* deuterocanoniek boek

57. Rachoem

Met de maat waarmee u meet

*Wees dan barmhartig, zoals ook uw Vader barmhartig is.
Oordeel niet en u zult niet geoordeeld worden; veroordeel niet en u zult niet veroordeeld worden; laat los en u zult losgelaten worden. (...)
Want met dezelfde maat waarmee u meet, zal er bij u ook gemeten worden.*
(Lukas 6: 36-37, 38b)

Jezus draagt ons op om barmhartig (*rachoem*) te zijn en niet te (ver)oordelen. Het is moeilijk om te begrijpen wat Hij bedoelde. Moeten we zonde gewoon door de vingers zien? Als we Jezus' woorden lezen in het licht van wat hierover in Zijn tijd werd gezegd, kunnen we krachtige, nieuwe inzichten opdoen om deze woorden in ons leven toe te passen.

Het is interessant dat andere rabbi's in de tijd van Jezus principes onderwezen die overeenkwamen met de bedoeling van het oordeel. Zij hadden een soortgelijke leer: geef iedereen het voordeel van de twijfel. Een gelijkenis om hun boodschap te illustreren was deze:

Een man die drie jaar lang op een boerderij gewerkt had, ging naar zijn werkgever en vroeg om zijn loon om dat mee naar huis te kunnen nemen, naar zijn gezin. De eigenaar zei tegen hem: "Ik heb geen geld!" waarop de man reageerde: "Goed, geef me dan een deel van de gewassen die ik je heb helpen verbouwen." De eigenaar antwoordde: "Die heb ik niet!". Vervolgens vroeg de man hem om een paar schapen en opnieuw zei de boer dat hij hem niets kon geven. De man ging daarom met een bedroefd hart naar huis.
Een paar dagen later kwam zijn werkgever hem zijn loon brengen, met daarbij veel geschenken. De eigenaar van de boerderij zei tegen hem: "Wat dacht je, toen ik je vertelde dat ik geen geld had?" De man zei: "Ik dacht dat u het misschien had verloren bij het zakendoen." De boer vervolgde: "En toen ik zei dat ik geen gewassen had?" Daarop antwoordde de man: "Ik dacht dat u die misschien voor anderen verbouwd had." "En toen ik zei dat ik geen dieren had?" Hierop antwoordde de

man: "Ik dacht dat u ze misschien aan de Tempel beloofd had." De boer antwoordde: "Je hebt gelijk! Ik had alles wat ik bezit aan de Heer beloofd, omdat mijn zoon weigerde de Schrift te bestuderen. Gisteren werd ik echter ontslagen van mijn gelofte, zodat ik je nu kan betalen. Wat jou betreft: moge de Heer gunstig over jou oordelen, net zoals jij gunstig over mij hebt geoordeeld!"

Dit oude verhaal uit de Talmoed schetst het beeld van iemand die barmhartig is en een ander niet veroordeelt; het komt ook overeen met Jezus' woorden: "Want met dezelfde maat waarmee u meet, zal er bij u ook gemeten worden."
Zou dit verhaal verband kunnen hebben met de opdracht van Jezus?

Als we het principe om gunstig over anderen te oordelen toepassen, is het onmogelijk om negatief over anderen te denken. Het is zelfs moeilijk om iemand iets kwalijk te blijven nemen, wanneer we ons gaan afvragen wat iemand ertoe bewogen kan hebben om datgene te doen wat ons gekwetst heeft. We zouden dan zo gaan redeneren: misschien was de baas in een slecht humeur vanwege problemen thuis.
Het is veel gemakkelijker om liefdevol te zijn als we anderen niet veroordelen – wanneer we God de rechter laten zijn in plaats van onszelf. Jezus' opdracht om niet te oordelen wordt de beste raad voor elke situatie, omdat we beseffen dat mensen zondig zijn en verkeerde motieven kunnen hebben, maar dat alleen God hun hart kent.

Vragen bij hoofdstuk 57

1. Betekenen de woorden 'oordeel niet' dat we anderen nooit moeten confronteren met hun zonde? Lees Leviticus 19:17-18 en Mattheüs 18:15-17. Wat moeten we volgens deze teksten doen? Hoe kunnen we deze opdrachten met elkaar in overeenstemming brengen?
2. Wat zegt Paulus over oordelen in Romeinen 14:10? Welke reden geeft hij om niet te oordelen?
3. Lees Jakobus 2:1-13. Hoe is het al een vooroordeel als we een voorkeur voor bepaalde mensen hebben? Waarom moeten we volgens Jakobus niet oordelen?
4. Denk aan iemand die jou de afgelopen week kwaad gemaakt heeft. Wat is volgens jou de verborgen, zondige drijfveer waar die persoon schuldig aan is? (Je zou niet kwaad zijn als die er niet was). Kun je twee mogelijke redenen bedenken die het gedrag van die persoon kunnen verontschuldigen of verklaren? Hoe kun je die persoon zo positief mogelijk beoordelen?

58. Kal v'Chomer

Licht en zwaar

Let op de lelies, hoe zij groeien. Ze werken niet en spinnen niet, en Ik zeg u dat zelfs Salomo in al zijn heerlijkheid niet gekleed ging als één van deze. Als God nu het gras op het veld, dat er vandaag is en morgen in de oven geworpen wordt, zo bekleedt, hoeveel te meer u, kleingelovigen! (Lukas 12:27,28)

Jezus gebruikte gelijkenissen, met verhalen uit het dagelijks leven, om moeilijke theologische begrippen uit te leggen. Een van de technieken die Hij daarin gebruikte, wordt *kal v'chomer* genoemd, wat betekent: licht en zwaar. Het was een methode om iets groots uit te leggen door het te vergelijken met iets kleins wat erop leek, maar veel minder belangrijk was. Vaak lees je in deze gelijkenissen de zinsnede hoeveel te meer (*kama v'kama*). Jezus gebruikte deze methode toen Hij het in bovenstaande Bijbeltekst had over bezorgdheid, waarbij Hij Salomo vergeleek met de lelies op het veld.

Om de boodschap van Jezus in al zijn volheid te begrijpen, moeten we luisteren naar de grootte van het contrast, bijna tot het punt dat het lachwekkend wordt. Een waardeloos plantje, dat in een paar dagen verwelkt, is beter gekleed dan de rijkste koning van Israël! Als God al zó voor een plantje zorgt, hoeveel te meer zal Hij dan voor ons zorgen?

Jezus gebruikt deze methode ook in gelijkenissen waarin de woorden hoeveel te meer niet voorkomen:

En Hij sprak ook een gelijkenis tot hen met het oog daarop dat men altijd moet bidden en niet de moed verliezen. Hij zei: Er was in een zekere stad een rechter die God niet vreesde en geen mens ontzag. En er was een weduwe in dezelfde stad en zij kwam voortdurend naar hem toe en zei: Doe mij recht tegenover mijn tegenpartij. En hij wilde een tijd lang niet. Daarna echter zei hij bij zichzelf: Hoewel ik God niet vrees en geen mens ontzie, toch zal ik, omdat deze weduwe mij lastig valt, haar recht doen, opdat zij uiteindelijk niet komt en mij in het gezicht slaat. En de Heere zei: Hoor, wat de onrechtvaardige rechter zegt. Zal God dan geen recht doen aan Zijn uitverkorenen, die nacht en dag tot Hem roepen, hoewel Hij hen soms lang laat wachten? Ik zeg u dat Hij hun met spoed recht zal doen. (Lukas 18:1-8a)

In deze gelijkenis helpt de onrechtvaardige rechter uiteindelijk een weduwe die hem maar blijft lastigvallen; tóch vergelijkt Jezus deze rechter met God. Weer helpt het grote contrast ons om het punt te zien dat Jezus maakt: God is het exact tegenovergestelde van de corrupte rechter! Hij zegt vaak dat Hij de beschermer is van weduwen en dat Hij niet zal aarzelen om die mensen te straffen die hen benadelen:

Weduwen en wezen mag je evenmin uitbuiten. Doe je dat toch en smeken zij mij om hulp, dan zal Ik zeker naar hen luisteren: Ik zal in woede ontsteken…… (Exodus 22:21-23a NBV)

Als zelfs een harteloze, ongevoelige rechter een weduwe te hulp komt omdat zij volhardend is, hoeveel te meer zal een liefdevolle, machtige God haar dan te hulp komen! Als we begrijpen dat Jezus met opzet het contrast overdreven groot maakt, zullen we de kern van Zijn onderwijs begrijpen. Als zelfs goddeloze mensen ons zullen helpen als ze daartoe gedwongen worden, hoe machtig zullen dan Gods antwoorden zijn op ons volhardend gebed!

Vragen bij hoofdstuk 58

1. Lees Mattheüs 7:9-11. Wat is het contrast in deze uitspraak en wat leren we hiervan over God?
2. Lees Lukas 13:10-17. Hoe gebruikt Jezus het contrast van kal v'chomer om te zeggen dat het is toegestaan om op de sabbat te genezen?
3. Lees Mattheüs 10:24-25, waar Jezus Zijn discipelen waarschuwt voor de vervolging waar ze mee te maken zullen krijgen. Welke grote contrasten gebruikt Hij om Zijn boodschap over te brengen?
4. Schrijf je eigen kal v'chomer. Gebruik iets kleins en alledaags, waarvan je weet dat het waar is, om een uitspraak over God te doen. Gebruik hierbij de formulering: als dit waar is, dan is het grotere over God des te meer waar.

59. Jod

Een jota of een tittel

Ik verzeker u: zolang hemel en aarde bestaan, zal niet één lettertje of streepje uit de wet geschrapt worden totdat alles gebeurd is.
(Mattheüs 5:1 GNB).

Als je bent opgegroeid met andere vertalingen van de Bijbel zul je bovenstaande passage hebben gelezen met de woorden één jota of één tittel. Misschien heb je geleerd dat dit een bepaald soort leesteken was, net zoals onze apostrof. De jota waar Jezus naar verwees is de Hebreeuwse letter *jod*. Het is de kleinste letter van het Hebreeuwse alfabet, niet groter dan een komma.

De jod wordt geschreven als een kleine hoofdletter L die een kwartslag gedraaid is: י. Wat wij vertalen als tittel of streepje, is het kleine haaltje dat aan de bovenkant uit de letter steekt als een kleine versiering. Dit werd de doorn van de jod genoemd.

Wat Jezus dus zei, was dat noch de kleinste letter of zelfs maar de versiering van de kleinste letter zal verdwijnen. Dit is zelfs een bekende Hebreeuwse uitdrukking: *lo jod w'lo kotso sjel jod*. Het betekent: noch een jod, noch de doorn van een jod, oftewel: noch het meest onbetekenende, noch het meest onbelangrijke.

Een rabbi, die na Jezus leefde, vertelde een verhaal wat de betekenis hiervan lijkt te illustreren:

> Toen God de Tora gaf, zei Hij: *Een koning mag geen paarden gaan houden (…). Evenmin is het de koning toegestaan er veel vrouwen op na te houden, want dat zou hem tot afgodendienst kunnen verleiden. En verder mag hij ook geen zilver en goud ophopen.* (Deuteronomium 17:16-17 NBV). Koning Salomo daarentegen had veel vrouwen, paarden en goud. Toen dat gebeurde steeg de letter *jod* op naar Gods troon en vroeg nederig aan God: "Had U niet gezegd dat geen letter uit de Tora ooit zou worden tenietgedaan? Vandaag heeft Salomo het woord 'niet' uit deze wet buiten werking gesteld en misschien zal hij morgen de gehele wet

afschaffen!" God antwoordde: "Salomo en nog duizend zoals hij zullen komen en gaan, maar de kleinste tittel zal niet van jou worden verwijderd."

Deze vergelijking geeft ons enig inzicht in Jezus' woorden. Salomo leefde alsof in Deuteronomium 17 geen woord niet stond en alsof God het tegenovergestelde had geboden: dat de koning veel vrouwen zou moeten verkrijgen en zoveel mogelijk rijkdom! Maar hoe erg Salomo deze wet ook negeerde, Gods geboden blijven van kracht.

Veel mensen geloven vandaag de dag dat we ons leven kunnen leven alsof God niet bestaat en dat het aan ons is om de regels te bepalen. Deze les vertelt ons echter dat de uiteindelijke norm waarnaar we moeten leven Gods Woord is, en niet het onze.

Vragen bij hoofdstuk 59

1. In de tijd van Jezus werd van de rabbi's onder andere verwacht dat ze 'een hek rond de Tora zouden bouwen'. Dat betekende: voorkómen dat mensen Gods wetten zouden overtreden, door zaken te verbieden die hen tot zonde zouden kunnen verleiden. Hoe deed Jezus dit ook in Mattheüs 5: 21-22 en 27-37?
2. Christenen vragen zich af waarom wij ons niet aan de wetten van de Tora hoeven te houden, als Jezus de Tora niet heeft afgeschaft. Welke uitspraak werd er in Handelingen 15:5-29 gedaan en hoe beantwoordt die deze vraag?
3. Jezus zei: "Ik ben niet gekomen om de Wet af te schaffen, maar om die te vervullen." (Mattheüs 5:17). Wat betekent afschaffen, teniet doen in de rabbijnse vergelijking over *jod* in hoofdstuk 59? Lees Galaten 6:2. Wat betekent de wet vervullen hier?
4. Lees Leviticus 19. Kies hieruit een wet die je iets leert wat je in je eigen leven kunt toepassen. Hoe kun je de bedoeling erachter als een les gebruiken, die je laat zien hoe je nog meer Gods wil kunt doen?

60. Pekoeda

De tijd van uw bezoeking

Wat is de mens, dat Gij zijner gedenkt, en de zoon des mensen, dat Gij hem bezoekt? (Psalm 8:5 SV)

Eén van de woorden die in letterlijke vertalingen van de Bijbel op een vreemde manier gebruikt lijken te worden, is het woord bezoeken, *pakad* in het Hebreeuws. Vaak wordt bezoeken niet gebruikt zoals wij het meestal gebruiken, wat laat zien dat een letterlijke vertaling soms nogal misleidend is.

Het Hebreeuwse woord pakad is boeiend door zijn omvangrijke betekenis. Slechts zelden betekent het letterlijk een bezoek brengen. Het woord kan sterk verschillende betekenissen hebben afhankelijk van de context. De algemene betekenis is aandacht besteden aan, op een positieve of negatieve manier. Het kan zorgen voor betekenen, zoals in de Bijbeltekst hierboven, of zelfs te hulp komen, zoals in de volgende tekst:

> *…want zij* [Naomi] *had in het land Moab gehoord dat de HEERE naar Zijn volk omgezien* (pakad) *had door hun brood te geven.* (Ruth 1:6b)

Het kan echter ook de betekenis hebben van het hebben van Gods aandacht op een negatieve manier, in de vorm van een oordeel of straf:

> *….maar ten dage van mijn bezoeking* (pekoeda) *zal Ik aan hen hun zonde bezoeken* (pakad). *(Exodus 32:34b NBG)*
> (Dit betekent: op de dag dat Ik hun zonden beoordeel, zal Ik hen straffen)

Pakad is één van de vele Hebreeuwse woorden die, om iets duidelijk te maken, tegenstrijdig worden gebruikt in poëtische woordspelingen. Zacharia gebruikt *pakad* bijvoorbeeld zowel op een positieve als negatieve manier in hetzelfde vers:

> *Tegen de herders is Mijn toorn ontbrand, en de bokken straf (pakad) Ik. Ja, de HEERE van de legermachten zal omzien naar (pakad) Zijn kudde, het huis van Juda.(Zacharia 10:3a)*

Het is interessant dat Jezus ditzelfde woord en dezelfde poëtische woordspeling lijkt te gebruiken om te profeteren, als Hij over Jeruzalem zegt:

> *Want er zullen dagen over u komen, dat uw vijanden een wal rondom u zullen opwerpen, en u zullen omsingelen, en u van alle zijden benauwen;(...) daarom dat gij de tijd van uw bezoeking (pekoeda) niet bekend hebt. (Lukas 19:43-44 SV)*

Jezus bedoelde hier niet slechts de tijd dat Hij ons bezocht op aarde. In plaats daarvan gebruikte Hij een uitdrukking uit Jeremia: de tijd van bezoeking. Deze uitdrukking verwees naar een onheilspellende tijd waarin God de daden van Zijn volk zou onderzoeken; dit kon een tijd zijn van Zijn redding, of, waarschijnlijker, een tijd van bestraffing (zie Jeremia 10:15, 1 Petrus 2:12).

De komst van Jezus omvat inderdaad de meest omvangrijke betekenis van het woord *pakad* in zijn Hebreeuwse context. Voor de mensen die zich bekeren en Jezus volgen, is Hij gekomen om hen voor eeuwig te redden; maar voor de mensen die Hem negeren, zal dat de bron van hun straf zijn, als God hun zonden 'bezoekt' bij het komende oordeel.

Vragen bij hoofdstuk 60

1. Lees Psalm 8:5, Ruth 1:6 en Zacharia 10:3 in verschillende Bijbelvertalingen. Op welke manieren is het woord pakad vertaald? Welke vertaling begrijp je het beste?
2. Jezus lijkt te verwijzen naar Jeremia 23:2 en 12 als Hij over Gods bezoeking spreekt. Lees Jeremia 23:1-12 (gebruik de Statenvertaling om de woorden bezoeken en bezoeking te vinden) en vergelijk dit met Lukas 19:43-46. Hoe houdt deze tekst verband met de woorden van Jeremia en hoe verwijst Jezus hiernaar bij Zijn reiniging van de tempel?
3. Lees hoofdstuk 5 (Shofeet - Rechter, Redder) nog een keer. Hoe lijkt het woord pakad op de woorden voor rechter/redder en oordeel/gerechtigheid?
4. Kijk je uit naar de dag van Gods 'bezoeking' die wordt beschreven in 1 Petrus 2:12? Waarom wel of niet? Hoe beïnvloedt het je mening, als je vrienden of familie hebt die God (nog) niet kennen?

61. HaPorets

Het Koninkrijk breekt door

*Ik zal hen bijeenbrengen als schapen in een kooi, als een kudde in
het midden der weide. Het zal er gonzen van mensen. De doorbreker trekt
vóór hen op; zij breken door en trekken door de poort en gaan daardoor uit;
en hun koning trekt vóór hen uit, en de Here aan hun spits.*
(Micha 2: 12-13 NBG)

Een tekst in de Evangeliën waarover vertalers en exegeten zich vele jaren het hoofd hebben gebroken, is Mattheüs 11:12, waar in veel vertalingen staat:

En van de dagen van Johannes de Doper af tot nu toe wordt het Koninkrijk der hemelen geweld aangedaan, en geweldenaars grijpen het. (Mattheüs 11:12)

Door het zo te vertalen lijkt het alsof Jezus sprak over het Koninkrijk dat geweld werd aangedaan, alsof Hij doelde op de vervolging waar Hij en Johannes de Doper mee geconfronteerd werden. Sommigen hebben ook gedacht dat Jezus pleitte voor een soort geweld om er deel van uit te mogen maken. Het woord voor geweld, *biazo* in het Grieks, kan echter ook krachtig, uitbarstend of zelfs explosief betekenen, wat in het Hebreeuws *porets* is. Er zijn ook vertalers die denken dat in plaats van dat het Koninkrijk slachtoffer van geweld zou zijn, Jezus juist de geweldige kracht van het Koninkrijk beschreef!
In de NBG-vertaling van 1951 is dit vers als volgt vertaald:

Sinds de dagen van Johannes de Doper tot nu toe breekt het Koninkrijk der hemelen zich baan met geweld en geweldenaars grijpen ernaar. (Mattheüs 11:12 NBG)

Opmerkelijk is dat het lijkt alsof Jezus zinspeelt op een tekst uit het boek Micha, die in Jezus' tijd als messiaans werd beschouwd:

De doorbreker (haporets) *trekt vóór hen op; zij breken door* (porets) *en trekken door de poort en gaan daardoor uit; en hun koning trekt vóór hen uit, en de Here aan hun spits.* (Micha 12:13)

De mensen begrepen dat de doorbreker *(haporets)* de boodschapper was die zorgde dat mensen zich bekeerden en voorbereid zouden zijn. Dit is een beschrijving van Johannes de Doper. Daarna zouden de schapen uit de schaapskooi naar buiten dringen *(porets)* om de Herder-Koning te volgen, de Messias, God Zelf! (zie hoofdstuk 53)

Dit gedeelte krijgt veel meer betekenis als we het beeld erachter begrijpen. Nadat ze de hele dag gegraasd hadden, bracht een herder zijn schapen altijd naar een schaapskooi, in die streken was dat een grot die met grote keien werd afgesloten. 's Morgens waren de schapen altijd hongerig en barstensvol energie, ernaar verlangend om te gaan grazen. Op een onverwacht moment zou een van zijn knechten 'de weg openbreken' door een grote kei opzij te schuiven en de schapen zouden daarna in wilde opwinding uitbreken. De herder zou hen daarna naar buiten volgen om hen te weiden.

Dit is werkelijk een beeld van de vreugde die mensen hadden bij de komst van hun Messias. Zoals schapen die dringen om uit hun kooi te komen, zo zijn de 'schapen' van de messiaanse Herder vol geestdrift bij Zijn komst. Hun Herder, de Heer Zelf, is gekomen om hen voor nu en altijd te redden en bij hen, zijn eigen schapen, te zijn.

Vragen bij hoofdstuk 61

1. Lees Maleachi 4:2-3 (in sommige vertalingen 3:20-21), wat in de tijd van Jezus als messiaans beschouwd werd. Welke beeldspraak komt in deze tekst ook voor in Micha 2:12-13?
2. Lees hoofdstuk 42 nog een keer, over het Koninkrijk van God als iets in ons hart, in plaats van een zichtbaar vertoon van macht. Hoe is dit denkbeeld verbonden met de woorden van Jezus in Mattheüs 11:12?
3. Jezus sprak in Lukas 13:18-21 over het koninkrijk van God als een mosterdzaadje en als zuurdeeg. Hoe stemt dit beeld overeen met het beeld van het koninkrijk dat je bij vraag 2 hebt beschreven?
4. Waaraan merk je dat Gods heerschappij in je hart groeit? Op welke manier heb je de krachtige uitwerking van Gods Geest gezien in jouw leven en in dat van anderen?

Mogelijke antwoorden
bij de vragen 1-3 van elk hoofdstuk
(vraag 4 is een discussievraag)

1. *Sjema* - Luister en gehoorzaam

1. Als we het letterlijk nemen lijkt het of we God vragen om onze gebeden te horen, alsof Hij doof is of ongeïnteresseerd. Echter, in het Hebreeuws betekent het horen van onze gebeden: antwoord geven. In elke smeekbede betekent horen méér doen dan alleen luisteren: vergeven, vrijspreken, helpen, etc.
2. a. God luisterde en verhoorde haar gebeden en gaf haar een zoon.
   b. Eli leek doof en blind te zijn voor Gods wil omdat hij de wandaden van zijn zonen negeerde. God koos ervoor om tot Samuël te spreken omdat hij degene was die naar God zou 'luisteren' door gehoorzaam te zijn.
3. Zien en horen houden allebei een fysieke reactie in op wat wordt gezien en gehoord. Het tweede gedeelte van dit Bijbelvers kan ook vertaald worden met: "Ze begrijpen wat Ik wil en doen het niet; ze horen wat Ik tegen hen zeg maar negeren Mijn voorschriften."

2. *Da'at Elohiem* - Kennis van God

1. Als we kennis vanuit Hebreeuws oogpunt bekijken, dan zou de boom de naam 'boom van de ervaring van goed en kwaad' hebben. Het zou kunnen zijn dat Eva niet op een magische manier plotseling verstandelijk inzicht kreeg maar dat de boom haar de mogelijkheid gaf om te ervaren wat zonde werkelijk is: rebellie tegen Gods bevelen.
2. De NBV vertaalt met 'zorgt voor'. Het gaat in werkelijkheid niet over kennis maar over handelen: over de zorg en toewijding die iemand aan zijn of haar huisdieren of vee moet geven.
3. Toegewijd zijn aan een God die goedheid, gerechtigheid en rechtvaardigheid betoont, houdt in dat je deze deugden zelf ook in praktijk brengt. Als we het niet belangrijk vinden om dit te doen, geeft dat aan dat we God niet echt kennen: dat we geen persoonlijke relatie met Hem hebben en Hem niet gehoorzamen.

3. *Jir'a* - Angst, ontzag en eerbied

1. We hebben ontzag en eerbied voor iemand. Velen van ons hebben coaches, ambtsdragers of leiders voor wie we veel respect hebben en van wie we graag goedkeuring voor onze manier van leven ontvangen. We zouden God op deze manier moeten liefhebben.
2. Het is ontzag en eerbied voor onze Redder en Koning, Jezus Christus, en het besef dat Hij ons leven regeert en leidt. Eerbied voor Hem moet bij ons een verlangen opwekken om Hem te behagen en Zijn goedkeuring te krijgen.
3. Leef je hele leven in relatie met God, met groot ontzag en eerbied voor Hem.

4. *Tora* - Wet en onderricht

1. Je kunt je moeilijk voorstellen dat 'de wet overdenken' iets is wat plezier brengt, maar diep nadenken over het onderwijs van God zal ons wijsheid geven en ons laten zien hoe we moeten leven. Terwijl het woord wet ons het gevoel geeft dat God een strenge heerser is, schetsen de woorden onderricht en aanwijzing Hem als een liefhebbende Vader die zijn kinderen onderwijst.
2. In een wet staat wat we wel of niet mogen doen. Onderricht leert ons wat goed is om te doen en als dat van een autoriteit als God komt, moeten we dat gehoorzamen. Onderricht laat ons zien hoe we moeten leven en een wet laat ons zien wat we verkeerd doen.
3. Mattheüs 7:12: Jezus zegt dat deze gulden regel de samenvatting is van alles wat God gezegd had in de Schriften.
4. Lukas 16:16-17: door de woorden wet en profeten als de Schriften te lezen, horen we de gedachte dat Gods Schriften tot aan Johannes de Doper en de tijd van Jezus onderwijs gegeven hebben, en dat daarna Jezus is gekomen om de beloften van de Schriften te vervullen.

5. *Sjofeet* - Een Rechter als Verlosser?

1. Het woord richter of rechter kan bevrijder of verdediger betekenen; het kan ook in het algemeen verwijzen naar een leider. Simson, Gideon en anderen waren bevrijders: heldhaftige strijders die leiders van Israël werden. Het boek Richteren beschrijft de periode waarin deze rechters heersten.
2. Psalm 17:2: De psalmist vraagt om gerechtigheid die hem zal rechtvaardigen en zijn onschuld zal tonen. Psalm 37:6: Ook hier gaat gerechtigheid over rechtvaardiging: bewezen onschuldig te zijn.
Psalm 68:6: Hier betekent het woord rechter echt verdediger in de zin van iemand die recht verschaft aan de hulpelozen en onderdrukten.
3. Doordat we willen dat er recht gedaan wordt, hebben we met God gemeen dat we een afkeer hebben van zonde. Dat is een juiste houding. Wij zijn echter ook zondaars en als we om een oordeel vragen, vragen we God om ook onze eigen zonden te veroordelen.

6. *Sjalom* – Hoe is het met je vrede?

1. David vroeg naar het welzijn van het volk en naar het verloop van de oorlog. *Sjalom* betekent niet alleen vrede, maar ook dat het goed gaat.
2. De NBV vat sjalom op als materiële zekerheid en welvaart, niet slechts als vrede. Dit vormt een parallel met het erop volgende vers over de rijkdom van alle volken (NBV).
3. Hij spreekt over onze geestelijke stand van zaken en dat Hij ons heelheid en volledigheid wil geven. We ontvangen geestelijke voorspoed en groei, omdat Zijn Geest in ons hart en ons leven werkt.

7. *Zachar* - **Zich zonden herinneren**

1. Het betekent dat God ten behoeve van Rachel handelde door haar een gunst te verlenen en in haar nood te voorzien. Het richt de aandacht op de actie van God en niet op wat Hij denkt.
2. Het is mogelijk dat de schenker het verzoek van Jozef niet vergeten was. Het zou kunnen dat hij Jozefs smeekbede gewoon genegeerd heeft en er niets mee heeft gedaan.
3. Hij spoort hen aan om trouw te handelen in overeenstemming met het verbond en om de eisen die dit aan hun leven stelt niet gering te schatten of te negeren.

8. *Jesjoea* – **Verlossing in dit leven**

1. Het gaat over Christus en de Vader kennen en over het herstel van een diepe relatie met God in dit leven. Het gaat niet over het leven na dit leven maar over hier en nu een relatie met God hebben.
2. God heel persoonlijk kennen en leven met Jezus Christus als onze Heer, hier en nu, is leven alsof we al in de eeuwigheid zijn. Als we gered zijn, leven we nu al in de vertrouwelijkheid die we met God zullen hebben in de eeuwigheid. We hoeven niet te wachten tot we sterven; we mogen het nu al ervaren.
3. Het gaat over met God verzoend worden en over een relatie met Hem hebben, in plaats van Zijn vijanden te zijn. Het laat zien dat verlossing ons in een liefdevolle relatie met God brengt, hier en nu.

9. *Avad* – **Werken en aanbidden**

1. Zelfs al vóór de zondeval droeg God ons werk op: Hem dienen door voor Zijn schepping te zorgen. Werk maakt deel uit van de schepping en is iets goeds. Door zorg te dragen voor de wereld dienen en aanbidden we de goede God die haar aan ons gaf.
2. Een dienaar of slaaf dient zijn heer. Als je een dienaar van God bent, kun je niet aan geld verslaafd zijn. Of, met andere woorden: je kunt niet zowel God als het geld aanbidden. Je dient wat je aanbidt!

10. *Emoena* – **Geloof en trouw**

1. Ze geloofden in het bestaan van God, maar vertrouwden niet op Zijn goedheid of op Zijn vermogen om te doen wat Hij beloofd had. Ze waren ook ontrouw omdat ze Gods geboden niet gehoorzaamden en klaagden over Zijn zorg.
2. Er wordt gesproken over plagen en ziekten die langdurig en aanhoudend zullen zijn.
3. Abraham vertrouwde God, wat voortkwam uit zijn vaste geloof in Gods goedheid. Zijn geloof bracht hem ertoe trouw te handelen. Emoena combineert geloof met daden, omdat het beide omvat.

11. *Lasjon hara* – De kwade tong

1. Zijn gedrag is onberispelijk, hij doet wat rechtvaardig is en spreekt de waarheid vanuit zijn hart. Zijn eed breekt hij niet, al brengt het hem nadeel. Hij gaat ook integer met geld om. Een 'eerlijke tong' hebben maakt deel uit van een volledig integer leven. Zijn beloning is een hechte relatie met God. Hij weet zich geborgen en zal vanwege zijn rechtschapen gedrag nooit wankelen.
2. Jezus zegt dat een goede boom goede vrucht voortbrengt en een slechte boom slechte vrucht. Hij zegt dat onze woorden laten zien wat voor hart we hebben. Als we onze woorden willen veranderen, moeten we ook ons hart veranderen.

12. *Pesel* – Afgoden in het Land

1. Ze deden wat ze in Egypte geleerd hadden: een afgodsbeeld maken dat gebruikt werd om de aanwezigheid van God op te roepen. Door dit te doen stelden ze de ware God gelijk met andere afgoden, die ze met dronkenschap en seksuele handelingen konden aanbidden. Door Gods wet tegen gesneden beelden te overtreden en Hem als niet meer dan een afgod te beschouwen, waren ze ongehoorzaam en beledigden ze de God van het heelal.
2. God versloeg Baäl in alle opzichten. De wedstrijd vond plaats op de berg waar Baäl werd vereerd en ze offerden een dier verbonden met de verering van Baäl: een stier. God, niet Baäl, zond een bliksemschicht om het offer te verteren toen Elia tot Hem bad. Daarna zond God regen, waardoor Hij liet zien dat Hij, en niet Baäl, macht had over de regen.
3. Als ons verlangen naar geld groter is dan ons verlangen om God te dienen, negeren we Zijn geboden omwille van geld. Als we dus op oneerlijke wijze geld verdienen of niet geven wat we zouden moeten geven, is geld een afgod geworden. Het kan ook een afgod zijn als geld verdienen, oppotten of uitgeven te belangrijk voor ons wordt.

13. *Chochma* – Door Hem gegeven wijsheid

1. Hij zou artistiek talent nodig hebben en allerlei praktische vaardigheden met betrekking tot het werken met de materialen en het coördineren van de andere vakmensen. De Heilige Geest zou geholpen hebben bij praktische zaken die de tabernakel betroffen en niet alleen maar met geestelijke zorgen.
2. Ze gaf haar kinderen waarschijnlijk veel praktische adviezen over hoe ze later hun eigen huishouding konden voeren en was met haar gelovige levenshouding een voorbeeld. Wellicht gaf ze haar concrete, praktische kennis en haar gevoelens over God en Hem dienen door.
3. God is tegen goddeloos, werelds intellectualisme dat ervan uitgaat dat Hij niet bestaat, en dat Hij niet als mens zou hebben kunnen komen en opstaan uit de dood. Hij is tegen het arrogant verstand, dat niet toestaat dat iemand gelooft in iets wat boven het menselijk verstand uit gaat.

14. *Ajin-Tova* – Een 'goed oog' hebben
1. God ziet hun nood en is Zich ervan bewust, en Hij zal reageren door te geven wat nodig is.
2. Door hun ogen te sluiten, negeren ze de noden van degenen die ze verplicht zijn te helpen. Jezus zegt dat hun leven vol duisternis zal zijn omdat ze alleen op zichzelf gericht zijn. Een mogelijke interpretatie is dat anderen de vrijgevige persoon zullen helpen in tijden van nood terwijl de hebzuchtige alleen maar verwensingen zal ontvangen.
3. Hier staat licht voor liefde en duisternis voor haat; de blinde man is vol haat. Deze tekst hangt nauw samen met Mattheüs 6, waar licht vrijgevigheid betekent en haat egoïstische hebzucht. Als deze twee teksten samengevoegd worden, laat dat ons zien dat de noden van anderen negeren een vorm van haat is en anderen in hun nood helpen een vorm van liefde.

15. *Nefesj* – God met heel je leven liefhebben
1. Het laat zien dat het leven dat wij hebben niet zomaar ontstaan is, maar vanuit God komt. Het is een andere manier om te zeggen dat wij naar het beeld van God (Genesis 1:26-27) gemaakt zijn – dat onze ziel en ons leven van God zelf komen.
2. God dienen (*avad*), is voor Hem werken en Hem aanbidden. Hem dienen met onze hele ziel is voor God werken en Hem aanbidden met ons hele leven, zolang we ademhalen.
3. Het betekent dat we al onze begeerten en verlangens inzetten om God te behagen. Als onze verlangens ons van God verwijderen, verleiden ze ons tot zonde.

16. *Majiem Chajiem* – Stromen van levend water
1. Dat je begrijpt dat drinkwater noodzakelijk is om te overleven helpt je om te zien waarom David dit beeld koos om te beschrijven hoe hard hij God nodig had. Hij dorst naar het levend water van Gods Geest in zijn leven om zijn ziel de noodzakelijke voeding te geven.
2. 'De mensen hebben hun eigen waterbakken gehouwen' betekent dat zij hun eigen goden hebben gemaakt – afgoden die geen geest hebben. Men bad vaak tot Baäl en ander afgoden om regen en goede oogsten, maar alleen God kon het hen geven door Zijn levend water uit de hemel.
3. Jezus spreekt hier over de Heilige Geest die uitgestort zou worden op iedereen die in Hem gelooft. Terwijl gewoon water alleen onze dorst lest en ons een korte tijd in leven houdt, is het levend water van de Geest blijvend en brengt het het echte leven, nu en in eeuwigheid.

17. *Tsietsiet* – Zichtbare kwastjes

1. Toen David een hoek van Sauls mantel afsneed, vernietigde hij een symbool van Sauls autoriteit. Daarmee verklaarde hij dat Saul niet geschikt was voor het koningschap. Hij realiseerde zich vervolgens dat alleen God het recht heeft om dat te doen. Op een eerder moment, toen Saul de mantel van Samuel scheurde, verklaarde Samuel dat dit een teken was dat Sauls heerschappij van hem losgescheurd zou worden. Beide scènes gebruiken de mantelzoom om duidelijk te maken dat Saul zijn heerschappij zou verliezen.
2. De *tsietsiet* zijn de heiligste delen van de kleding van een Joodse man en de *tsietsiet* van de Messias werden als uitzonderlijk heilig beschouwd. De mensen in die tijd kunnen geloofd hebben dat de Messias met 'genezing onder Zijn vleugels' zou komen (Maleachi 4:2), omdat in het Hebreeuws het woord voor vleugels ook hoeken betekent, de hoeken waaraan de *tsietsiet* worden vastgemaakt.
3. Sociale status werd door de mantelzoom en kwastjes getoond; door de kwastjes groter te maken maakten ze aanspraak op eer en prestige vanwege hun vroomheid. Hoewel hun toewijding door het dragen van kwastjes duidelijk moest zijn, was het niet de bedoeling dat ze die gebruikten om hun eigen sociale status te vergroten.

18. *Chameets* – Zuurdesem als beeldspraak

1. Psalm 16 heeft voor een deel betrekking op David zelf, maar hij stierf en zijn lichaam ging tot ontbinding over. Petrus zegt dat David profetisch sprak over de Messias als degene 'die geen ontbinding zou zien'. De opstanding is dus de vervulling van deze profetie en het bewijs dat Jezus de Messias is (zie ook Handelingen 13:34-35).
2. Het 'bederf' van zowel Farizeeën als Sadduceeën was hun streven naar hoge status en hun hooghartige trots. De discipelen ruzieden vaak over de vraag wie de belangrijkste was – ook dat is trots. Een andere mogelijkheid is dat Jezus misschien aan andere vormen van bederf dacht: huichelarij, wetticisme en dergelijke. Al deze dingen beginnen klein maar het bederf breidt zich vervolgens snel uit.
3. Een heel klein stukje gezuurd deeg kan een grote hoeveelheid deeg helemaal doorzuren. Op een vergelijkbare manier begon Gods koninkrijk heel klein, maar breidt zich nog steeds uit om alle volken te bereiken. Net zoals er een stukje deeg aan de volgende hoeveelheid wordt toegevoegd om die te laten rijzen, verspreidt het evangelie zich in de wereld als iemand die, 'doorzuurd' met het koninkrijk, deze 'doorzuring' doorgeeft aan een nieuwe groep mensen.

19. *Dauw* – De verfrissing van de dauw

1. Als de heuvels van Jeruzalem ook die hoeveelheid dauw zouden krijgen, dan zou de oogst daar verbazingwekkend overvloedig zijn en de mensen zouden een grote opbrengst zien van wat ze geplant hadden. Zo zullen ook wij, als we leren om in liefde en eenheid samen te werken, overvloedig vrucht dragen door alles wat we doen om de Heer te dienen.
2. Vroeger hadden mensen regen absoluut nodig om te overleven omdat ze daardoor voedsel konden oogsten. De meeste moderne mensen hebben geen rechtstreekse relatie met de landbouw en de noodzakelijkheid van de regen. Maar de dingen die God ons geeft zoals onze inkomsten, onze mogelijkheden en onze relaties zijn ook een vorm van regen die ons in leven houdt.
3. God zal hun eigenzinnige hart genezen en Hij zal niet meer toornig zijn. Hij zal hen herstellen en toestaan dat ze onder Zijn zorg opnieuw gaan bloeien. Hij zal hun nieuwe gehoorzaamheid met nieuwe zegeningen belonen.

20. *Joveel* – Een jubeljaar

1. Het was hardvochtig om rente te laten betalen, omdat hiermee misbruik werd gemaakt van iemand die in grote nood was. God heeft medelijden met mensen in moeilijkheden en Hij wil dat wij ook zo zijn. Jezus zegt ons dat we moeten lenen en geven aan mensen die hulp nodig hebben, zodat daardoor ook Zijn grote hart vol medelijden voor hen zichtbaar wordt.
2. Jezus betaalde onze schuld en bevrijdde ons van het loon van onze zonden, zodat wij niet meer in slavernij leven. Vanuit onze grote dankbaarheid en liefde voor Hem zouden we ons daarom ons hele leven als dienaren van Christus moeten beschouwen.

21. *Dam* – Bloed, een krachtige metafoor

1. Jezus verklaart dat dit een viering is van een nieuw verbond in Zijn bloed en een viering van de vergeving die was gekocht door Zijn offer voor onze zonden. Hij sluit een vredesverbond tussen Zijn volgelingen en God. Door aan de maaltijd deel te nemen, laten we zien dat we deel hebben aan dit verbond.
2. Het onschuldige bloed van Jezus was bereidwillig vergoten voor de vergeving van zonden. In plaats van wraak en vergelding gaat het nu over verzoening en vergeving.
3. Jezus Christus zegt dat als we eeuwig leven willen ontvangen, we deel moeten hebben aan het verbond dat bezegeld werd door Zijn offer. Er is geen andere manier dan persoonlijk het verbond op onszelf te betrekken, wat gesymboliseerd werd door de maaltijd van het verbondsoffer te eten.

22. *Pri* – Ons aan de vrucht herkennen

1. Iemand die zich van God afkeert, heeft geen geestelijke kracht bij tegenslag en zelfs in goede tijden is hij bezorgd over hoe hij op eigen kracht moet overleven. Maar iemand die weet dat God over hem waakt heeft de volle zekerheid dat God, in goede en slechte tijden, alles in Zijn macht heeft. Daardoor kan hij in elke situatie vol vertrouwen leven en geestelijke vrucht dragen.
2. God bedoelt hier verborgen rebellie, waarbij iemand plechtig belooft trouw te zijn aan God maar in zijn hart van plan is te blijven zondigen. Deze zonde richt veel schade aan, wanneer buitenstaanders zulke huichelarij zien in christelijke gemeenschappen. Dit vergiftigt vaak het beeld dat buitenstaanders van kerken hebben, waardoor ze negatief over God gaan denken en de kerk niet meer vertrouwen.
3. Johannes zegt dat ze niet alleen innerlijk berouw over hun zonden moeten voelen, maar dat ze ook hun leven moeten veranderen om hun bekering daadwerkelijk te laten zien.

23. *Kesjet* – De boog neerleggen

1. Lamech schepte erover op dat hij even wraakzuchtig was als zijn voorvader Kaïn, ja zelfs nog veel erger. Hij was moorddadig, net zoals de generatie van de zondvloed die alleen maar voortdurend het slechte wilde. Direct na de zondvloed werd de toren van Babel gebouwd, wat laat zien dat de mensheid door de zondvloed niet was veranderd maar nog steeds erg hoogmoedig en opstandig was.
2. In het verbond met Noach beloofde God om een andere manier te vinden om met het probleem van de zonde om te gaan, anders dan alleen maar zondaars te vernietigen. Van alle verbonden is dit het meest fundamentele: de belofte om de mensen te verlossen van het kwaad en hen niet alleen maar voor hun zonden te veroordelen.
3. God is barmhartig, daarom wacht Hij zo lang mogelijk met de definitieve wederkomst van Christus om te oordelen. Hij wacht liever zodat meer mensen tot geloof kunnen komen, dan dat Hij terugkomt voordat iedereen alle gelegenheid heeft gehad zich te bekeren.

24. *Tzelem Elohiem* – Naar Gods beeld

1. Het is Gods bedoeling dat wij over de schepping heersen en Hem op aarde vertegenwoordigen. Als we echter het karakter van Christus kennen, weten we dat we moeten heersen vanuit liefde en dienstbaarheid, niet om uit te buiten en te vernietigen.
2. God is de Ongeziene en Eeuwige en Hij heeft alles geschapen. Hij wilde niet worden uitgebeeld als een van de vele kleine afgoden. Hij schiep mensen om Zijn beeld te zijn en wij weerspiegelen Zijn liefde, creativiteit en vrije wil. Een steen heeft niet één van die eigenschappen, daarom is dat een totaal verkeerde voorstelling van God.
3. Als we God zegenen, eren we Hem om Zijn grootheid (zie hoofdstuk 37 van dit boek). Als we echter mensen vervloeken, beledigen we Gods vertegenwoordigers en daarmee God Zelf. Daarom doen we onze lofprijzing voor God teniet als we mensen beledigen.

25. *Ba'asj* – Zorg dat je niet stinkt!

1. Het leert ons dat we niet zelfvoldaan moeten worden als we denken dat we geestelijk volwassen zijn. Een kleine oneerlijkheid kan ons al aantasten en te gronde richten. Een kleine roddel over ons zal onze reputatie al beschadigen.
2. Omdat goddeloosheid andere mensen vernietigt met leugens, bedrog en valsheid. Wij komen in opstand wanneer we merken dat iemand ons bedriegt, omdat we beseffen dat diegene zichzelf wil bevoordelen ten koste van ons.
3. Koningen werden met dure geparfumeerde olie gezalfd bij hun kroning of bij speciale gelegenheden. Mirre, wierook en nardus waren erg dure ingrediënten voor geurige olie, een passend geschenk voor een koning. De Wijzen uit het Oosten en Maria bewezen grote eer aan Jezus door Hem deze geuren te geven of Hem daarmee te zalven en Hem daarmee tot koning te verklaren.

26. *Me'odecha* – Met al je krachten

1. Door Deuteronomium 6:5 gedeeltelijk te citeren, geeft dat aan dat Josia met zijn hele hart trouw was aan al Gods geboden, inclusief het belangrijkste gebod.
2. We zouden kunnen zeggen dat we God lief moeten hebben 'met alles wat je hebt' of dat we Hem 'ons hele hebben en houden' moeten geven. Deze uitdrukkingen hebben letterlijk geen betekenis, maar geven allebei uitdrukking aan volledige toewijding.
3. Iemand kan God liefhebben met gezin en bezittingen door ervoor te zorgen dat die allebei in elk opzicht God eren. Bij de opvoeding van onze kinderen moet God centraal staan en onze bezittingen moeten weerspiegelen dat onze eerste prioriteit niet rijkdom is, maar God.

27. *Levav* – Hart en Verstand

1. 'Geen hart hebben' is vertaald als geen verstand (NBV) of zonder verstand (HSV). De gedachte is dat iemand die zo dwaas is om overspel te plegen geen verstand heeft, omdat de gevolgen daarvan overduidelijk verwoestend zijn.
2. Paulus spreekt over een strijd om onze geest (hart), die dagelijks in onze gedachten woedt. Het gevecht gaat om onze trouw en toewijding aan God, die in het Hebreeuws 'kennis van God' wordt genoemd.
3. Waar het hart vol van is, daar loopt de mond van over. Als we onze tijd vullen met asociale televisieprogramma's en met roddels, zullen we zelf ook zo worden en dat zal blijken uit onze woorden. Als we ons op het goede concentreren, zullen we op den duur vriendelijker en zorgzamer worden.

28. *Beresjiet* – Begin

1. De dwaasheid van God in dit tekstgedeelte is het feit dat God door de dood en opstanding van Jezus verlossing van zonde mogelijk maakte. Wat leek op een nederlaag was in werkelijkheid een overwinning en wat leek op zwakheid was in werkelijkheid grote kracht.
2. *Da'at Elohiem* is de intieme kennis van God die voortkomt uit het gehoorzaam dichtbij Hem wandelen, je leven lang. Het is niet theoretisch of feitelijk; het is gebaseerd op ervaring en toewijding.
3. Job zei dat Gods wegen ondoorgrondelijk zijn en hij uitte zijn verwarring over het 'waarom' van het lijden. Elihu dacht dat hij Gods wegen begreep en geloofde dat iedereen die leed, door God gestraft werd. God was woedend op de vrienden van Job vanwege de arrogante manier waarop zij dachten het te weten, maar Hij zei dat Job juist gesproken had. We moeten er voor oppassen dat we zeggen namens God te spreken als wij daarvoor geen opdracht hebben gekregen.

29. *Makor* – Op zoek naar de bron

1. Wijze lessen en rechtvaardige woorden komen allemaal van mensen van wie het hart verbonden is met de werkelijke bron van leven. Anderen kunnen van hen leren hoe je zonde kunt vermijden en een leven leiden zoals het bedoeld is.
2. Het beeld dat Jakobus schetst is dat er geen zoet en zout water uit dezelfde bron komt en dat met twee tongen spreken tegennatuurlijk is. We kunnen niet het ene moment beweren dat we vroom en vriendelijk zijn terwijl we het andere moment liefdeloos zijn. Onze kwaadaardige woorden laten zien dat er hoekjes in ons hart zijn die nog steeds veranderd moeten worden.
3. Het is een beeld van een toekomstige tijd wanneer Israël beseft dat Jezus hun Messias en Heer is en om Hem zal rouwen. De bron is het *levend water* van de Heilige Geest dat hen reinigt als hun zonden vergeven zijn.

30. *Kanafiem* – Beschermende vleugels

1. In Ruth 2:12 zegt Boaz tegen Ruth dat ze onder Gods vleugels is gekomen: onder Gods bescherming. In Ruth 3:9 vraagt ze hem om zijn vleugels over haar uit te spreiden, dat wil zeggen om haar te beschermen, als de tussenpersoon waarmee Gods vleugels haar te hulp komen. (De uitdrukking een vleugel over iemand uitspreiden verwijst ook naar het huwelijk, zie Ezechiël 16:8.)
2. God beloofde Jeruzalem tegen haar vijanden te beschermen zoals een vogel zijn nest beschermt, maar de leiders waren opstandig en wezen de Messias af. Daarom zou God de vijanden van Jeruzalem toestaan de stad aan te vallen en de tempel te verwoesten. (Lukas 13:34 is een van de teksten die naar de toekomstige verwoesting van de tempel verwijzen.)
3. De mensen begrepen waarschijnlijk dat de Messias (Zon van gerechtigheid) genezing zou hebben in de *kanaf* van Zijn mantel. Daaraan waren de *tsietsiet* (kwastjes) bevestigd, die symbool stonden voor Gods geboden. Omdat de Messias volmaakt rechtvaardig was, zou de zoom met de tsietsiet, die Zijn identiteit aanduidde, genezende kracht hebben (zie ook hoofdstuk 17).

31. *Toledot* – Waarom al die geslachtsregisters?

1. *Toledot* betekent een verhaal, een geschiedenis of een verslag, dat inzicht geeft in de relaties van vandaag de dag. Het hoeft niet per se een lijst te zijn; het kan het verslag van de schepping of het verhaal van Jozef zijn. Bijbels gesproken zijn alle verhalen verbonden met familierelaties.
2. In Mattheüs is Jezus de Zoon van Abraham en van David, wat aanduidde dat Jezus een waarachtig Jood is, een tweede Izaäk en een machtig koning als Salomo. Mattheüs vermeldt in het voorgeslacht van Jezus ook de gelovige vrouwen met een ongebruikelijke achtergrond, wat er op zinspeelt dat Maria daar ook bij hoort. Lukas vermeldt het voorgeslacht van Jezus vanaf Jozef terug via Abraham helemaal naar Adam. Daarmee bedoelt hij waarschijnlijk dat Jezus de hele mensheid vertegenwoordigt als de tweede Adam en Zoon van God.
3. Paulus zegt dat Abraham niet alleen maar de vader van alle Joden is, maar dat alle mensen die geloven hem als hun geestelijk vader hebben. Dat betekent dat Abrahams familie veel groter is dan het Joodse volk; in feite zijn het alle gelovigen uit iedere natie van de wereld.

32. *Bechor* – De eerstgeborene van de Vader

1. God wil dat wij in dankbaarheid bij Hem komen zodra we door Hem gezegend worden, om Hem een deel ervan terug te geven. Hij verdient onze hoogste eer en onze beste inspanningen om Hem te dienen, en niet dat Hij alleen maar een bijzaak in ons leven is.
2. Ook al speelden deze mannen een belangrijke rol in de geschiedenis van Israël, God wilde niet dat Zijn volk terug zou kijken op het lichamelijke vermogen van hun voorouders om hen tot een groot volk te maken. God koos de zwakken en onaanzienlijken in plaats van de sterken om te laten zien dat Hij werkelijk degene was die dit volk groot had gemaakt.
3. Het lijkt erop dat God wilde dat Jezus als enige in de heilsgeschiedenis de titel Eerstgeborene zou hebben. Jezus had geen menselijke vader die Hem kon opeisen als de 'zoon van zijn kracht'. Jezus was de zichtbare openbaring van Zijn hemelse Vader om het mededogen, de rechtvaardigheid en de liefde van God te laten zien.

32. *Ben* – Een zoon zoals zijn Vader

1. Saul beweerde dat Jonathan de zoon van een opstandige vrouw was. Hiermee bedoelde hij eigenlijk dat Jonathan beslist niet Sauls loyale eigen zoon was en dat Jonathan zelf ook opstandig was. Hij zegt verder dat, door partij voor David te kiezen, hij schande over zijn eigen familie zou brengen wanneer zij het koningschap aan de familie van David moesten afstaan. Niet één keer noemde hij Jonathan zijn eigen zoon.
2. Een zoon die zich een groot deel van het familiebezit toeëigent laat daarmee zien dat hij totaal geen liefde voor zijn familie heeft. In die cultuur was het ondenkbaar om de erfenis te willen hebben voordat de vader overleden was: het was wensen dat de vader dood zou zijn. Als wij geen relatie willen hebben met God, onze Vader die ons uit liefde heeft geschapen, doen we Hem net zoveel pijn als de verloren zoon zijn vader deed.
3. Paulus wil dat ze zijn harde woorden begrijpen als een berisping van een liefhebbende vader, die oprecht bezorgd over hen is. Hij wil dat ze zijn voorbeeld volgen, zoals een zoon zijn vader. Hij vraagt hen wat voor vader hij zou moeten zijn bij zijn komst: een hardhandige of een liefdevolle en zachtmoedige vader.

34. *Ach* – Mijn broeders hoeder
1. We verwachten van onze broers en zussen dat ze van ons houden, ons vertrouwen en ons willen helpen als we het moeilijk hebben. We mogen verwachten dat ze ons verdedigen, ons in huis nemen als we dakloos worden, ons financieel helpen en zo de familieband met ons delen.
2. Ze vroegen hem opnieuw om vergeving, echter niet als broers, maar omwille van hun vader. Ze boden hem aan om zijn slaven te worden, zoals ook de verloren zoon deed, die een dagloner van zijn vader wilde worden. Jozef was verdrietig over hun gebrek aan vertrouwen en verzekerde hen dat God hun slechte plannen ten goede gekeerd had om hun leven te redden. Vervolgens gedroeg hij zich als een broer door in het onderhoud van al hun gezinnen te voorzien.
3. Hij bedoelde dat, hoe belangrijk familiebanden ook zijn (vooral in Zijn tijd), onze verplichting om Gods woord te gehoorzamen zelfs nog belangrijker is. Hij zegt in een ander gedeelte (Mattheüs 10:37) dat het volgen van Hem zelfs vóór je familie moet gaan. De familie die ons het meest na staat, zijn de mensen die net als wij God dienen.

35. *Iesja* – Teveel vrouwen
1. Lea was ongelukkig omdat haar man wel van haar zuster hield, maar niet van haar. Daarom wedijverde ze met haar zuster door zonen aan Jacob te schenken. Toen God wel zonen gaf aan Lea maar niet aan Rachel, werd Rachel ongelukkig. In Leviticus 18:18 wordt een dergelijke verbintenis verboden omdat dat leidt tot jaloezie.
2. Gedeeltelijk was dat om de vrouw te beschermen, maar het was meer om aan de familie van de overleden man een erfgenaam te schenken, die de naam van de overledene zou voortzetten en zijn erfdeel in de familie zou houden. De vrouw zou op die manier ook een zoon hebben om voor haar te zorgen als ze oud was.

36. *Bajit* – Het huis van de Heer
1. In deze tekst staat dat een wijze vrouw beseft dat het voor haar nodig is om relaties te onderhouden en een sterke en liefhebbende familie op te bouwen. Zij kan zelf haar familie ook veel schade berokkenen door haar houding en haar daden.
2. Zoals er in de tijd van Salomo vuur neerdaalde en de Geest de tempel vervulde, verschenen er op de Pinksterdag tongen als van vuur en vervulde de Geest de gelovigen. Zij waren Gods 'huis': Zijn woonplaats was nu te midden van Zijn volk.
3. Paulus beschrijft ons als Gods tempel, samen gebouwd op de fundamenten van de profeten en apostelen, met Christus als hoeksteen. Wij zijn vervuld met Gods Geest, net als de tempel van Salomo vroeger. Wij zijn de plek waar Gods glorie aan de hele wereld getoond wordt.

37. *Beerach* – De Heer zegenen
1. a. Genesis 24:27 De dienaar van Abraham zegende de Heer, die goedertieren en trouw aan zijn meester was gebleven.
   b. Mattheüs 9:8 De menigte zegende God die zo'n macht aan mensen had gegeven om te genezen en zonden te vergeven.
   c. Lukas 2:28-32 Simeon zegende God omdat Hij hem Zijn verlossing in Jezus liet zien, een licht voor de heidenen en een eer voor Israël.
2. Alleen de Samaritaan die terugkwam om God te loven had op de goede manier zijn grote dankbaarheid laten zien voor het wonder dat God voor hem gedaan had. Het ging Jezus er niet om dat Hij zelf bedankt moest worden, maar dat de mensen die God had gezegend door hen te genezen, aan God hun dankbaarheid zouden tonen.
3. Joodse mensen spreken de hele dag door zegeningen uit. Als je op het ene moment God zegent en op het volgende moment een mens (die het zichtbare beeld van God is) vervloekt, is dat erg huichelachtig.

38. *Kavana* – De richting van je hart
1. Het Hebreeuwse begrip 'de vreze des Heren' betekent ontzag voor God, dat voortkomt uit het besef dat Hij heilig en alomtegenwoordig is. *Kavana*, intentie en toewijding, houdt in dat wij dat ontzag voor God hebben als we tot Hem bidden.
2. Als we met ons hele hart en ziel bidden, dan hebben we kavana. We kunnen niets met ons hele hart doen, tenzij we ons daar helemaal op concentreren.
3. Een voorbeeld is als je een cadeau voor een vriend koopt. We kunnen er voor kiezen om dat snel en gedachteloos te doen, of met veel aandacht en toewijding. De laatste manier laat veel meer liefde zien dan de eerste.

39. *Choetspa* – Bidden met vasthoudendheid
1. Als God het hem niet had verteld, zou Abraham niet geweten hebben dat God de inwoners van Sodom strafte voor hun zonden; Abraham zou anders gedacht hebben dat God willekeurig besloten had om de stad te vernietigen. God liet Abraham ook zien dat Hij bereid is om met hem in gesprek te gaan bij het nemen van Zijn besluit, en dat onze gebeden door God gehoord worden.
2. God wilde dat de vrienden van Job zouden inzien dat ze tegen Job hadden gezondigd en dat ze de vergeving van Job net zo nodig hadden als die van God. En God wilde dat Job aan zijn vrienden zou laten zien dat hij hen vergeven had en voor hen zou bemiddelen. Na al hun beschuldigingen aan Job, deed God dit om hen te laten zien dat Job rechtvaardig was.
3. Het zegt ons dat God ons uitnodigt om steeds weer onze zorgen bij Hem te brengen en dat we niet ontmoedigd moeten raken, want Hij luistert. Hij wordt niet moe van onze hulpvragen, maar ziet daarin dat we weten dat Hij een God is die we in alles vertrouwen.

40. *Avinoe* – Onze Vader

1. Het laat ons meeleven met deze mensen en laat ons beseffen dat wij in dezelfde situatie net zo zwak en zondig zouden zijn. Het laat ons zien dat wij bij deze familie horen en dat dit ook ons verhaal is.
2. De uitspraken van Jezus over Mijn Vader waren door hun stoutmoedigheid schokkend voor een publiek dat die woorden hoorde als verklaring dat Hij de Messias was. Ze houden in dat Hij een unieke relatie met God heeft en dat God Hem gezag heeft gegeven over iedereen en alles op aarde.
3. Door het geloof in Christus zijn we opgenomen in het gezin van God en hebben we de rechten van een biologisch kind gekregen. Gelovigen in Jezus zijn geadopteerde kinderen; Jezus is van nature Gods Zoon. Jezus zegt dat als we Hem volgen, we méér bij Zijn familie horen dan Zijn natuurlijke familie.

41. *Kidoesj HaSjeem* – Het heiligen van de Naam

1. Mozes geeft aan dat als God Zijn volk in de woestijn zou vernietigen, anderen zouden zeggen dat Hij hen haatte en hen had gedood, of dat Hij niet in staat was om hen naar het land te brengen dat Hij hen beloofd had. Door genadig te zijn, behoudt God Zijn goede Naam.
2. Ze vereerden afgoden en vergoten onschuldig bloed in hun land, daarom verdreef God hen daaruit. Daardoor verachtten de heidenen echter Gods goede Naam. Daarom beloofde Hij om Zijn volk genadig te zijn, hen terug te brengen en hen een nieuw hart te geven, zodat ze Hem zouden gehoorzamen.
3. We moeten niet zondigen en op zo'n manier leven dat anderen daardoor een goed beeld van God krijgen. We horen gehoorzame burgers met respect voor elkaar te zijn en te leven als dienaren van God.

42. *Malchoet* – Uw Koninkrijk kome

1. In Lukas 15:21 zei de verloren zoon eigenlijk: "Vader, ik heb gezondigd tegen God en tegenover u." In 20:4 vraagt Jezus: "Doopte Johannes in opdracht van God of was dat alleen maar een menselijk idee?"
2. Het betekent eigenlijk: probeer allereerst Gods wil te doen en rechtvaardig te leven en Hij zal voor je zorgen.
3. We gaan Gods Koninkrijk binnen als we, net als een kind, gehoorzaam doen wat Hij ons zegt, in plaats van onze eigen wil te volgen. Gehoorzaamheid laat ons Gods heerschappij binnengaan door Hem gezag over ons leven te geven.

43. *Lechem choekeenoe* – **Ons dagelijks brood**

1. Deuteronomium 8:1-3 spreekt over het beproeven van Israël in de woestijn, zoals ook Jezus in de woestijn werd beproefd. God beproefde hen door hen honger te laten lijden, zodat ze zouden inzien dat God gehoorzamen belangrijker is dan het vervullen van materiële behoeften. Dit bedoelt Jezus met 'een mens leeft niet van brood alleen'.
2. Er staat dat de Heer mensen zal zegenen die vrijgevig zijn en naar anderen omkijken, die hun voedsel en bezittingen delen om in de nood van anderen te voorzien.
3. Het voedsel van Jezus was: de wil van God te doen. Onophoudelijk en vol overtuiging besefte Hij dat Hij Gods verlossingsplan moest uitvoeren, dat Hij aan de grote oogst voor het eeuwige leven mee moest werken. Ook wij moeten er zeker van zijn dat wij niet alleen gericht zijn op onze materiële behoeften, maar op het dienen van de Heer.

44. *Ra* – **Red ons van het kwaad**

1. Letterlijk staat er 'bewaar ons voor het kwaad', en kwaad kun je ook opvatten als schade toebrengen. Ziel is soms ook vertaald met leven (zie hoofdstuk 15). We kunnen het zo lezen dat God onze ziel tegen de duivel beschermt, maar het kan ook zo gelezen worden dat God over ons leven waakt en ons beschermt.
2. Jezus vraagt de Vader niet om ons uit de wereld weg te halen, maar om ons te beschermen tegen het kwaad van de wereld en tegen Satan. Hij vraagt God om ons leven te beschermen tegen schadelijke dingen en ons niet in zonde te laten vallen, waar de wereld ons toe verleidt.
3. Paulus heeft het over geestelijke kwade machten, dat zijn demonische machten die ons willen aanvechten of vernietigen. We verdedigen ons door gebed en door vastberaden tegenstand te bieden tegen verleidingen.

45. *Amen* - **Instemming**

1. In Mattheüs 18:3 heeft Hij een kind erbij geroepen en Zijn "amen" is waarschijnlijk een reactie op de onschuld en het vertrouwen van het kind. In 19:23 laat Zijn "amen" zien hoe het Hem schokt dat iemand Gods koninkrijk afwijst doordat hij te gehecht is aan zijn bezittingen.
2. Paulus gebruikt het mogelijk als bevestiging van een kernachtige lofprijzing die eraan vooraf is gegaan, alsof hij zegt: "Moge het zo zijn! Dit bevestig ik!"
3. Amen betekent hier 'dit bevestig ik' en het is een plechtig antwoord om het afleggen van een eed te bezegelen, zoals in het Oude Testament (zie Deuteronomium 27). In Christus heeft God de uiteindelijke bevestiging van al Zijn beloften gegeven: dat die ongetwijfeld vervuld zullen worden.

46. *Masjiach* – Wat betekent 'Christus'?

1. Voor David betekende het gezalfd zijn dat Saul speciaal door God gekozen was om als koning te heersen. Daarom wilde David Saul niet doden, ondanks het feit dat Saul David naar het leven stond. Door de hoekzoom van Sauls mantel af te snijden, viel David het koninklijk gezag aan waar die bewerkte hoekzoom een teken van was (zie hoofdstuk 17 over de tsietsiet).
2. De woorden 'de Heer heeft mij gezalfd' betekenen 'Ik ben de Christus, de Messias'! Toen Jezus liet horen dat deze woorden die dag in vervulling waren gegaan, sprak Hij vrijmoedig uit dat Hij de Messias was.
3. Het zijn allebei verhalen over een zalving en een triomfantelijke rit op een ezel. In het leven van Salomo was dat zijn kroning en verklaring dat hij de nieuwe koning was. In het leven van Jezus blijkt dat God de nardus van Maria en de triomfantelijke intocht de dag daarna gebruikte als Zijn zalving en de officiële bekendmaking van Zijn koninklijke heerschappij.

47. *Besora* – Wat is het goede nieuws?

1. De wijzen kwamen met kamelen die geschenken droegen, op zoek naar de 'Koning van de Joden'. Dat vormde een bedreiging voor Herodes, die op dat moment de regerend vorst was. Jesaja 60 is een messiaanse tekst, die gaat over de komst van de messiaanse koning en over koningen uit andere landen die Hem eer komen bewijzen.
2. Johannes de Doper is de 'stem in de woestijn' die de goede boodschap brengt over de komst van de Messiaanse Herder-Koning, die Zijn volk zachtjes zal leiden. Deze koning zal God Zelf zijn, die komt om in liefde te regeren.
3. Als *euaggelion* de aankondiging is van de heerschappij van een koning, dan is het 'goede nieuws van het koninkrijk' dat God Zijn ware koning naar de aarde gestuurd heeft in de persoon van Jezus en dat Hij door Jezus Zijn koninkrijk vestigt. Het is een uitnodiging aan de mensen om het koninkrijk binnen te gaan door Hem als hun koning te ontvangen.

48. *Melech* – Een koning naar Gods hart

1. Jezus is een koning die door God Zelf is verkozen, een Jood zoals de anderen, die niet om rijkdom en glorie gaf maar die bovenal Gods woord wilde gehoorzamen. Het koningschap van Jezus gaat niet om rijkdom of macht, maar om het dienen van God en het doen van Zijn wil.
2. Het volk wil een koning zodat ze net als andere volken zullen zijn en iemand zullen hebben die hun oorlogen zal voeren. Ze hadden God als hun koning afgewezen, en zouden daardoor uitgebuit worden en belasting moeten betalen aan een aardse koning. Dit was de werkelijkheid onder Salomo en nog meer onder Rehabeam.
3. Hij deed precies het tegenovergestelde: hij verkreeg vrouwen, paarden uit Egypte en veel goud en zilver. Door zijn vrouwen keerde hij zich van de HEERE af en na zijn dood liet God zijn koninkrijk uiteenvallen.

49. *Navi* - Een Profeet als Mozes

1. We moeten niet alleen naar de messiaanse profeet luisteren; we moeten hem gehoorzamen, anders zal God ons ter verantwoording roepen.
2. De mensen waren op zoek naar een Messias die hen op wonderbaarlijke wijze te eten zou geven zoals Mozes dat deed. Jezus zei dat ze naar het verkeerde soort 'brood uit de hemel' zochten. Christus was het brood uit de hemel dat niet alleen maar voor hun lichaam was, maar hen in plaats daarvan eeuwig leven kon geven.
3. Aan Johannes de Doper werd gevraagd of hij de Messias of de Profeet als Mozes was. Met beide wordt hetzelfde bedoeld. Hem werd ook gevraagd of hij de profeet was die God, zoals Hij had gezegd, voorafgaand aan het oordeel zou sturen. In plaats daarvan zei Johannes dat hij degene was die aankondigde dat God Zelf zou komen om over Zijn volk te regeren.

50. *Ani* – De lijdende koning

1. God wilde niet dat de koningen van Israël op een groot leger zouden vertrouwen (Deuteronomium 17), maar op Zijn macht, zoals in Psalm 20 staat. Adonia wilde het koningschap afdwingen door met militair vertoon indruk op de mensen te maken, precies het tegenovergestelde van wat God van een koning verlangde.
2. Toen God de Israëlieten vernederde en op de proef stelde, doorstonden ze die beproeving in de woestijn niet. Jezus weerstond de verleiding wél en liet daarmee zien dat Hij een echte vertegenwoordiger van Zijn volk was, maar zonder zonde.
3. Het is een profetie dat Jezus ons verdriet en onze zorgen zou dragen, zou lijden en mishandeld zou worden toen Hij aan het kruis voor onze zonden stierf.

51. *Go'el* – Onze Losser

1. Boaz gaf Ruth en Naomi de hoop terug die ze door de dood van hun zoon en man verloren hadden. Hij kocht hun land en gaf hun familie een toekomst. Het belangrijkste van alles was dat hij het mogelijk maakte dat hun familielijn werd voortgezet, waaruit koning David en uiteindelijk de Messias zou voortkomen.
2. Het bloed van het lam beschermde de Israëlieten in Egypte en leidde tot hun verlossing uit de slavernij. Op dezelfde manier verlost het bloed van Jezus ons van de schuld van onze zonden en de dood die we daardoor verdienen.
3. Door Zijn dood 'kocht' Christus ons, zoals Boaz Ruth 'kocht'. Hij verloste ons door Zijn grote liefde, zodat wij een persoonlijke relatie met Hem kunnen hebben. Wat hier beschreven wordt, is het visioen van het Lam (de opgestane Christus) die eindelijk de bruid (de mensen die Hij liefheeft) als de Zijne neemt om voor eeuwig samen te leven.

52. *Immanuel* – God met ons

1. Kaïn verlaat de aanwezigheid van God en gaat buiten Zijn aanwezigheid wonen. Adam en Eva waren gedwongen de Hof van Eden te verlaten, Kaïn is nu door zijn misdaad gedwongen om zelfs nog verder van Gods aanwezigheid weg te gaan.
2. Wegens de zonde van het gouden kalf zei God dat Hij niet met hen naar het Beloofde Land zou gaan, omdat Hij hen dan onderweg zou vernietigen. Mozes smeekte echter tot God en zei dat als Zijn aanwezigheid niet met hen mee zou gaan, zij niet verder wilden gaan. God liet zich overhalen en zei dat Hij in hun midden zou blijven.
3. Bij het feestmaal, toen het verbond nog niet verbroken was, konden zij eten en drinken aan de tafel van God, als Zijn naaste familieleden. Toen zij God op een zondige manier naderden, werden zij door Zijn heiligheid vernietigd. Wij zijn alleen veilig in de tegenwoordigheid van God als een vredesverbond ons bedekt.

53. *Ro'ee* – De Grote Herder

1. Hij zal geboren worden in Bethlehem, hoewel Hij eeuwig is. Hij zal met Gods kracht regeren en Zijn kudde weiden, en Zijn grootheid zal tot aan de einden der aarde reiken.
2. De slechte herders zijn de corrupte leiders van Juda die de mensen uitbuiten. God Zelf zegt dat Hij Zijn verstrooide kudde bijeen zal brengen en de messiaanse Koning zal doen opstaan om over hen te regeren.
3. De teksten beschrijven hoe Gods eigen herder, die een hechte band met Hem heeft, geslagen zal worden en hoe zijn schapen verstrooid zullen worden. Jezus ziet de vervulling hiervan in Zijn terechtstelling en dood en in Zijn leerlingen die Hem dan verlaten.

54. *Ben Adam* – De Mensenzoon

1. In al deze teksten staat een poëtische beschrijving van een 'mens', wat meestal de zwakheid en broosheid van een mens benadrukt in vergelijking met God. Wat Jezus betreft, benadrukt dat Zijn volkomen menselijkheid: dat Hij niet alleen maar 'God in een lichaam' was, maar werkelijk mens in alles.
2. Jezus gebruikt de titel 'Mensenzoon' om te beschrijven dat Hij terug zal komen om te oordelen. In Mattheüs 9:6 verklaart Jezus dat de zonden van de verlamde man zijn vergeven, want Hij heeft als hoogste rechter de autoriteit om ons onschuldig te verklaren.
3. Jezus wordt berecht door de hogepriester, die denkt dat hij macht heeft over Hem, maar Jezus zegt hem dat Hij de hoogste rechter is en dat Hij op een dag over hem zal oordelen. (Dit is helemaal krachtig in het licht van de corruptie van de hogepriesters en hun plan om Hem te doden.)

55. *Talmied* – Maak veel leerlingen

1. Eerst wilde Elisa tijd hebben om afscheid te nemen van zijn ouders, maar toen Elia hem uitdaagde, verbond hij zich helemaal aan hem door zijn ploeg te verbranden en hem te volgen. Jezus verwijst naar deze volledige toewijding wanneer iemand die Zijn discipel wil worden uitstel vraagt vanwege zijn familie.
2. Jezus had er recht op dat zij Zijn voeten wasten, maar in plaats daarvan waste Hij die van hen. Door Zijn daden leerde Hij hen nederigheid, terwijl zij erover discussieerden wie van hen de belangrijkste was. Terwijl andere rabbi's werden geëerd door de discipelen die hen dienden, benadrukte Jezus dat we niet naar eer moeten streven, maar moeten dienen.
3. Paulus vergeleek zichzelf met een vader, zoals een rabbi een 'vader' is voor zijn discipelen; hij stuurde Timotheüs die hij zijn 'zoon' noemt. Paulus wilde dat ze, door het voorbeeld van zijn discipel Timotheüs te volgen, zijn manier van leven zouden leren kennen. Die manier van leven was een weerspiegeling van het onderwijs van Jezus.

56. *Ve'Ahavta* – **God en je naaste liefhebben**

1. Wij hebben het idee dat God liefhebben het belangrijkste is en je naaste liefhebben daarna komt. Hier echter had de Samaritaan God lief door te zorgen voor iemand die Zijn evenbeeld was. De priester en de Leviet zouden liefde voor God hebben laten zien in hun dienst in de tempel, maar lieten geen liefde voor God zien door andere mensen lief te hebben.
2. Door het als 'iemand die is zoals jij' te lezen, wordt het duidelijk dat de Israëlieten medeleven voor vreemdelingen moesten hebben, omdat ze ooit zelf in Egypte vreemdelingen waren geweest. Als we dit op vers 18 toepassen, zien we dat we ons ook moeten vergelijken met onze zondige naaste en geen wrok tegen hem moeten hebben, omdat we zelf ook zondig zijn.
3. We geven toe dat we vergeving nodig hebben en staan erbij stil dat we moeten proberen de mensen te begrijpen die ons pijn gedaan hebben, omdat we allebei schuldig zijn. Het is een vanzelfsprekende uitbreiding van het gebod om onze naaste, die net als ons zondig is, lief te hebben.

57. *Rachoem* – **Met de maat waarmee u meet**

1. In Leviticus 19:17-18 staat dat we onze broeder terecht moeten wijzen omdat we geen wrok moeten blijven koesteren. Ook Jezus zegt dat we naar iemand die tegen ons gezondigd heeft toe moeten gaan, om hem daarmee te confronteren, maar ook om hem te vergeven. 'Oordelen' betekent: zo slecht mogelijk willen denken over waarom iemand iets gedaan heeft, om die persoon te kunnen veroordelen.
2. Paulus zegt ons niet te oordelen, omdat er maar Een is die rechtspreekt en wij uiteindelijk allemaal voor Hem zullen staan. Alleen God heeft de autoriteit om te oordelen, dus als wij dat doen nemen we Zijn plaats in.
3. Jakobus zegt dat we geen voorkeur moeten hebben voor de rijken en de armen niet moeten minachten, omdat we dan onterecht oordelen over de waarde die mensen in Gods ogen hebben. Hij zegt dat we barmhartig moeten zijn in ons oordeel, zodat wij zelf met barmhartigheid beoordeeld zullen worden.

58. *Kal v'Chomer* – **Licht en zwaar**

1. Jezus beschrijft het verschil tussen menselijke vaders, die zondig zijn maar toch van hun kinderen houden en het beste voor hen willen, en God, Die volmaakt goed en wijs is en oneindig veel om ons geeft. Jezus zegt dat God bereid en in staat is om ons alles te geven wat goed voor ons is als we Hem daarom vragen.
2. De rabbi's bepaalden dat dieren op de sabbat mochten worden losgemaakt of uit een put worden getrokken, om pijn en lijden te voorkomen. Jezus zei dat als zelfs een dier op de sabbat mocht worden losgemaakt om lijden te voorkomen, dan moest een mens, die meer dan achttien jaar lang 'gebonden' was, des te meer worden losgemaakt.
3. Jezus zegt dat als 'de Heer van het huis' *(waarmee Hij Zichzelf bedoelde, onze Redder zonder zonde)* Beëlzebul wordt genoemd, *(Satan, de vader van de leugen)* hoeveel te meer zullen Zijn discipelen dan vals beschuldigd en vervolgd worden. Als dit met Hem gebeurt, zal het ons ook zeker overkomen.

59. *Jod* – **Een jota of een tittel**

1. Jezus zei dat kleine zondige gedachten hetzelfde zijn als veel grotere zondige daden. Niet alleen moord is verkeerd, maar kwaadheid en beledigingen ook. Niet alleen overspel is verkeerd, maar begeerte ook. Jezus maakte ook de regels over echtscheiding en het zweren van eden strenger.
2. De vroege kerk bepaalde dat de heidenen zich niet hoefden te laten besnijden en ze het verbond dat aan de Joden was gegeven, niet op zich hoefden te nemen. Dit verbond bestond uit de wetten van de Tora. Petrus wees erop dat God de Heilige Geest aan de heidenen had gegeven en dat zij daarom deel hadden aan het nieuwe verbond dat Jezus instelde, ook zonder dat zij zich aan de Joodse wetten hielden. De Tora werd niet afgeschaft, maar als heidenen zijn wij niet verplicht om die wetten na te leven. Zowel heidenen als Joden worden door geloof behouden.
3. In de vergelijking betekent 'teniet doen' dat het woord 'niet' werd genegeerd of opgevat als iets dat niet op Salomo van toepassing was. Iets teniet doen of afschaffen betekent: het opzij zetten of verkeerd interpreteren, zodat de bedoeling van een wet ondermijnd wordt. Iets vervullen betekent: volledig volgens de bedoeling doen wat in de wet staat. (De rabbi's bedoelden met het vervullen van de Tora ook: het juist interpreteren ervan, zodat de Tora ook juist kon worden nageleefd.

60. *Pekoeda* – De tijd van uw bezoeking

1. In positieve zin kan pakad vertaald worden als zorgen voor, helpen, omzien naar en te hulp komen. In negatieve zin wordt pakad meestal vertaald als afrekenen met, of straffen. 'Bezoeken' is voor de moderne lezer eigenlijk onbegrijpelijk.
2. Jeremia 23 gaat erover dat God de slechte herder, dat wil zeggen de corrupte leiders, zal straffen en dat Hij in hun plaats de goede, messiaanse Koning zal sturen. In Jeremia gaat het er ook over hoe zondig de profeten zijn, zelfs in de tempel, en Jezus verwijst hiernaar als Hij de tempel reinigt.
3. Net als de andere woorden is pakad ironisch en heeft het twee kanten, zodat het zowel positief als negatief kan zijn, afhankelijk van of je wel of niet in je recht staat. Een rechter (*sjofeet*) kan je redden of te gronde richten en God zal je 'bezoeken' (*pakad*) om je te helpen of te straffen, afhankelijk van je schuld of onschuld.

61. *Haporets* – Het Koninkrijk breekt door

1. Ook Maleachi 4:2 beschrijft dieren die uit hun stal losbreken – de kalveren die springen van vreugde omdat ze zijn vrijgelaten.
2. De krachtige uitbarsting van Gods koninkrijk wordt niet zichtbaar als een grote oorlog of een spectaculaire gebeurtenis. Integendeel: de explosieve kracht is aanwezig in de harten van mensen wanneer ze worden veranderd in mensen die zoals Christus zijn. Ze kúnnen niet anders dan het goede nieuws dat hun leven verandert, met anderen te delen.
3. Zowel het mosterdzaadje als het zuurdeeg zijn bijna onzichtbaar en slechts een beetje ervan is nodig om een grote invloed te hebben. Ook al worden ze eerst niet gezien, toch zorgen ze na verloop van tijd voor een grote verandering. Op dezelfde manier begon Gods heerschappij met slechts een paar discipelen, maar heeft zich nu uitgebreid over de hele wereld.

Literatuurlijst

De auteurs hebben o.a. gebruik gemaakt van de volgende boeken:

- International Standard Bible Encyclopedia, Eerdmans 1915
- JPS Torah Commentaries, Jewish Publication Society
- New International Dictionary of Old Testament Theology & Exegesis, Zondervan 1997
- Encyclopedia Judaica CD-ROM, Judaica Multimedia 1997

- Alter R., The Art of Biblical Narrative, Basic Books 1981
- Berli A. And Brettler M., *The Jewish Study Bible*, Oxford University Press 2004
- Bivin D., *Understanding the difficult words of Jesus*, Destiny Image 1994
- Danby H., Tractate Berakoth Mishnah, Oxford University Press 1933
- Daube D., The New Testament and Rabbinic Judaism, Hendrickson 1998
- Guttmacher A., *Fear of God*, Funk and Wagnalls 1905-1906
- Hareuveni N., Desert and Shepherd in Our Biblical Heritage, Neot Kedumim 1991
- Kushner H., Etz Hayim Torah and Commentary, JPS 2001
- Levine B.A., *The Sacred Gift of Greeting*, JPS 1989
- Lindsey R., Jesus, Rabbi and Lord, Cornerstone 1990
- Pearl C., *Theology in Rabbinic Stories*, Hendrickson 1997
- Pryor D.A., *Fear of YHWH and Hebrew Spirituality*, Center for Judaic-Christian Studies
- Sarna N., *Understanding Genesis*, Shocken Books 1996
- Sarna N., *Exploring Exodus*, Shocken Books 1996
- Scherman N., *The Book of Ruth*, Mesorah 1989
- Singh S., *Wisdom of the Sadhu*, The Bruderhof Foundation 2003
- Telushkin J., *Words that hurt, Words that Heal*, William Morrow 1996
- Telushkin J., *The Book of Jewish Values,* Bell Tower 2000
- Vanderlaan R., *Faith Lessons Volume 3*, Zondervan 1999
- Walker W.L., *Peace*, Eerdmans 1915
- Ward D., *The Biblical Concept of Remembrance*, Grace and Knowledge Issue 12
- Wilson M., *Our Father Abraham*, Eerdmans 1989
- Young B., Jesus, the Jewish Theologian, Hendrickson 1995
- Young B., The Parables, Hendrickson 1998

Uitgaven van Toetssteen Boeken

De struikelstenen van Heidelberg
Een leerboek voor christenen over Jodenhaat en de Sjoa
Klaas de Jong

Zingen in de schaduw van de dood
Een rondreis langs de Poolse kampen met rabbijn Van der Kamp
Arie van den Heuvel

Lilien tekent twaalf geloofshelden
Het levensverhaal van Ephraïm Moshe Lilien met tekeningen voor Bücher der Bibel en kopergravures van Jeruzalem en omgeving
Klaas de Jong

Als de ramshoorn schalt
Gebruik en betekenis van de sjofar in de Tenach
Klaas de Jong

Wandelen in het stof van rabbi jezus
De lessen van Jezus in de Joodse context
Lois Tverberg

De stenen spreken
Over de geschiedenis van de Joden in Steenwijk
Klaas de Jong

Bijbelse toekomstverwachting
De eindtijd in Daniël, Openbaring en de Evangeliën
Ds. Gerard de Lange

Elke nesjomme is een parel
Het levensverhaal van rabbijn Jakob Friedrich en zijn lezingen
over het verbond met Noach

Inzicht in 666 en Mysterie Babylon
Getallen en namen in Openbaring verklaard vanuit de Bijbel
Klaas de Jong

Over de auteurs

Lois Tverberg

Lois Tverberg is al meer dan 15 jaar actief als leraar en schrijver op het gebied van de Joodse achtergrond van het christelijke geloof. Daarbij maakt ze gebruik van de onderzoeksvaardigheden die ze opdeed als doctor in de fysiologie van het University of Iowa College of Medicine en de ervaring als docent fysiologie, moleculaire biologie en celbiologie aan Hope College in Holland (VS).
Sinds ze begon met haar onderzoek naar de culturele wortels van het christelijk geloof, heeft Tverberg zich bekwaamd in het Hebreeuws en het Koinè, de standaardvorm van het Grieks rond Jezus' tijd. Ook is ze diverse keren naar Israël afgereisd om haar kennis bij te spijkeren en de sfeer van het land te proeven.
In 2001 richtten Bruce en Mary Okkema met Tverberg het En-Gedi Resource Center op, een centrum voor evangelisch onderwijs. Daar begon ze artikelen te schrijven over de Joodse achtergrond van de Bijbel, wat uiteindelijk leidde tot een eerste boek, *Listening to the Language of the Bible*, in 2004.
Sinds 2007 richt Tverberg zich volledig op schrijven en het geven van toespraken. Dit resulteerde onder meer in de bestsellers *Sitting of the Feet of Rabbi Jesus en Walking in the dust of rabbi Jesus,* die in 2015 bij deze uitgever uitkwam als *Wandelen in het stof van rabbi Jezus*. In hetzelfde jaar al kwam een tweede druk van dit boek uit. Tverberg houdt een blog bij voor wie meer wil weten over Jezus' culturele achtergrond: www.ourrabbijesus.com.
Sinds eind 2015 is Tverberg directeur van het En-Gedi Resource Center.

Bruce Okkema

Bruce Okkema was van 2001 tot 2010 directeur van het En-Gedi Resource Center dat hij samen met zijn vrouw Mary en met Lois Tverberg oprichtte. Hij schreef verschillende artikelen over de Bijbel, die beschikbaar zijn op de site www.egcr.net. Okkema is betrokken bij verschillende non-profit organisaties en ondersteunde missiewerk in de Dominicaanse Republiek, de Filippijnen, Oeganda, Kenia, Honduras en Israël. Hij reisde meerdere malen naar Israël om de achtergronden van de Bijbel te bestuderen.

Okkema is in 1975 afgestudeerd in techniek aan het Calvin College en is directeur-eigenaar van het bedrijf Eagle Design & Technology te Zeeland, Michigan.
Okkema maakt deel uit van het bestuur van de christelijke organisatie Water Mission, die zich inzet voor een gezonde drinkwatervoorziening in afgelegen gebieden overal op aarde.

Dankwoord van de auteurs

Wie wel eens betrokken is geweest bij het maken van en boek, die weet dat het ontstaan van een boek de inspanning vergt van verschillende personen die samenwerken als in een orkest. Bij dit boek zijn een aantal personen die een speciale vermelding verdienen.

Allereerst willen we Mary Okkema bedanken als lieve echtgenote en beste vriendin. Haar passie voor het Hebreeuws bracht ons samen bij de oprichting van het En-Gedi Resource Center. Haar gelovige aanmoedigingen en haar voorbeeld bij het bestuderen van het Hebreeuws hebben in onze harten het verlangen opgewekt om haar na te volgen. Veel van de lessen in dit boek zijn daar het resultaat van. Mary was ook onze steunpilaar bij het redigeren en nakijken van de teksten. Moge God je zegenen, *Mirjam!*

Onze hartelijke dank gaat ook naar David Bivin, hoofdredacteur van Jerusalem Perspective, voor zijn redactiewerk van de Hebreeuwse woorden in dit boek, maar vooral ook voor de inzichten en het achtergrondmateriaal dat hij heeft verzameld in de afgelopen twintig jaar. Hij heeft het beschikbaar gemaakt voor christenen over de hele wereld. Moge God je zegenen, David!

Vele andere wetenschappers hebben zich in de afgelopen jaren ingezet om ons te onderwijzen zoals Dwight Pryor, voorzitter van het Center for Judaic-Christian Studies, dr. Randall Buth, voorzitter van het Biblical Language Center, en dr. Steven Notley van het Nyack College. We zijn zeker ook dank verschuldigd aan predikant Ray VanderLaan, oprichter van *That the World May Know Ministries*. Zijn briljante lessen en zijn studiereizen Israel in Depth waren voor ons het begin van de studies naar de Hebreeuwse achtergronden van de Bijbel.

We danken ook voor de steun van onze bestuursleden: Marylin Bright, Nancy Brown en de predikanten Mike van Kampen, Dan Gritter en Bill Boersma.

Onze grote dank gaat ook uit naar Shirley Hoogeboom. Zij was onze eindredactrice en adviseur voor de uitgeverij. Ze heeft ontelbaar veel uren besteed aan dit boek en waardevolle adviezen gegeven. We bedanken ook onze proeflezers Keren Pryor, Nancy Brown en Jean Schreur voor hun suggesties en verbeteringen van de tekst.

Ten slotte willen we de Heer loven voor onze familie en vrienden die voor ons hebben gebeden en die ons steunden in de eerste jaren van onze bediening. Steeds bleven ze vanuit liefde ons aanmoedigen om vol te houden. In het bijzonder danken we Milt en Laura Tverberg en David en Lora Tverberg voor hun geweldige steun.

De Heer heeft dit werk gezegend met vruchten en het is door Hem dat dit tot stand kwam. We bidden dat u er door gezegend mag worden.

Lois Tverberg en Bruce Okkema
En-Gedi Resource Center

Illustraties

De illustraties uit dit boek zijn afkomstig uit het grootformaat boek Lilien tekent twaalf geloofshelden door Klaas de Jong, Toetssteen Boeken 2012. De Joodse kunstenaar Ephraïm Moshe Lilien (1874-1925) was een van de oprichters van de kunstacademie Bezalel te Jeruzalem in 1906.